KNAUR

MELISSA DAMILIA

MIT JESSICA GUAIA

INFLUENCE
Sei dein eigenes Vorbild
YOURSELF

Besuchen Sie uns im Internet:
www.knaur.de

Aus Verantwortung für die Umwelt hat sich die
Verlagsgruppe Droemer Knaur zu einer nachhaltigen Buchproduktion
verpflichtet. Der bewusste Umgang mit unseren Ressourcen, der
Schutz unseres Klimas und der Natur gehören
zu unseren obersten Unternehmenszielen.
Gemeinsam mit unseren Partnern und Lieferanten setzen wir
uns für eine klimaneutrale Buchproduktion ein, die den
Erwerb von Klimazertifikaten zur Kompensation des
CO_2-Ausstoßes einschließt.
Weitere Informationen finden Sie unter:
www.klimaneutralerverlag.de

Originalausgabe Mai 2021
Knaur Taschenbuch
Ein Imprint der Verlagsgruppe
Droemer Knaur GmbH & Co. KG, München
Redaktion: Regina Carstensen
Covergestaltung: buxdesign I Lisa Höfner
Coverabbildung: Jonathan Witte
Satz: Adobe InDesign im Verlag
Druck und Bindung: CPI books GmbH, Leck
ISBN 978-3-426-79124-0

2 4 5 3 1

Ich habe gelernt, dankbar dafür zu sein, wer ich bin.
Denn die längste Beziehung, die man führt,
ist die Beziehung zu sich selbst.

Für meine Familie und meine Freunde

Inhalt

Meine Reise zu mir selbst

Was würdest du tun, wenn du alles tun könntest, was du wolltest? Und wer würdest du sein?

Würdest du ein Start-up gründen, das Leben in vollen Zügen genießen, deine Liebe erobern? Ich sage dir, dass du es tun oder wenigstens versuchen kannst. Und dass du am Ende nur du selbst sein möchtest, aber glücklicher und erfüllter. Alles, was du dazu brauchst, steckt *nicht* in diesem Buch.

Es steckt in dir. Deine Träume, der Frieden, dein Potenzial, deine Kraft – alles ist in dir drin. Du kannst mit Zynismus darauf reagieren, natürlich, jetzt kommt wieder das Modewort: Selbstliebe. Oder du reagierst mit Neugier oder Wissensdurst darauf. Dieses Buch kann dir anhand meiner eigenen Reise jedoch einen sanften Impuls geben, wie du dich selbst auf die Reise begeben kannst. Sie kann zum Trip werden, berauschend und beängstigend, manchmal zur Odyssee, einem nie endenden Abenteuer, und dann wieder zu einer Exkursion, auf der du unglaublich viel lernen kannst. Doch egal welche Art von Reise es werden wird, du musst dich trauen, sie anzutreten.

Ich selbst bin mit siebzehn Jahren von zu Hause ausgezogen, ich bin also mutig losgerannt, endete aber in einer Sackgasse. Dann bin ich mit zweiundzwanzig wieder losgerannt, aber überall waren Stoppschilder. Meine Familie, meine Freunde, fremde Menschen, ein Mann, die Dämonen in meinem Kopf, alle versuchten mich aufzuhalten. Aber ich hatte ein Ziel: frei sein. Und so brach ich wieder auf und in den letzten drei Jahren wurde mein Leben auf den Kopf gestellt. Aber mein Kopf ist klarer als je zuvor, weil ich gelernt habe, mit dem Herzen zu denken.

Das Herz – oder nenne es meinetwegen Intuition oder Bauchgefühl – sagte mir, was ich wirklich dachte und brauchte. Denn der Kopf ist ein Meister der Täuschung, die Gedanken flüstern dir ein, dass du keine Fehler machen darfst, dass deine Vergangenheit dich aufhält, dass du nicht gut genug, zu dumm, zu dick, zu faul, zu langweilig bist. Über diese Glaubenssätze werde ich in diesem Buch sprechen, damit auch du nicht alles glaubst, was du denkst, und das Leben führst, das sich nach dir anfühlt. Dafür musst du für dich einstehen und Nein, aber auch gleichzeitig Ja sagen können.

Außerdem musst du an deinen Wert glauben – du bist viel zu wertvoll, um in Beziehungen zu verharren, die dir nicht guttun. Ich löste mich aus so einer Beziehung und ging für drei Monate auf Reisen. In Bali lernte ich ein jahrtausendealtes Wundermittel gegen Stress und Chaos kennen: die Achtsamkeit. Sie hilft dir, zur Ruhe zu kommen, aber auch an dich zu glauben. Durch den Glauben, das Vertrauen in mich und in das Schicksal verließ ich ausgetretene Pfade und wagte Neues. Ich machte einen ersten Schritt und dieser begünstigte den nächsten – ich wurde quasi über Nacht zur Influencerin. Ein Gewinn, aber die Medaille hatte zwei Seiten. Ich fiel in ein schwarzes Loch, aber wie konnte ich da wieder herauskommen? Ich musste nach oben schauen, in das Licht.

Wenn du positiv denkst, kannst du alles ändern, davon bin ich überzeugt. Und das ohne Optimierung, Druck oder harte Disziplin, denn durch Rücksicht und Begeisterung kannst du trotzdem oder erst recht deine Ziele erreichen. Nimm dir dafür kein anderes Vorbild als dich selbst. Du bist schön und stark und auch größer, als du denkst. Nutze deinen Einfluss, werde auch du Influencerin. Self-Influencerin: Übernimm Selbstverantwortung, sorge für dein Wohlbefinden, nimm dir Zeit für dich, befreie dich von dem, was dir Energie klaut, und Mutkillern wie Perfektion, Gewohnheit und Angst. Ich tat das, besonders im letzten Fernsehformat, in dem ich eigentlich auf der Suche nach der Liebe war. Aber ich fand sie ja auch. Besonders die Liebe zu mir selbst. Und Selbstliebe löst nicht nur Beziehungen, sie verbindet auch. Das ist es, was letztendlich zählt: in einer Welt zu leben, in der man sich lieben und entfalten kann.

ERSTER TEIL

Hör auf dein Herz

Außer Takt

Das Herz ist ein wundersames Ding, dabei ist es gar kein Ding, und trotzdem behandeln es viele als solches. Unsere Familie, unsere Freunde, unsere Kollegen, wir alle tun das so oft. Aber das Herz ist kein Gegenstand, sondern ein Muskel, der sechzig- bis fünfundachtzigmal pro Minute schlägt. Dabei pumpt er sechs bis acht Liter Blut durch unseren Körper und versorgt ihn mit Sauerstoff und anderen Substanzen, die wir zum Überleben brauchen.

Ja, das hört sich nicht sehr romantisch an, aber ich habe nie behauptet, eine Romantikerin zu sein. Ich kann es auch umschreiben: ohne Herz kein Leben. Ich war zweiundzwanzig und ich hatte beides, ein Herz und ein Leben, jedenfalls ein biologisches. Aber das Gefühl, das man in der Brust spürt oder auch im Bauch, das sagte mir, dass etwas nicht stimmte. Ich hörte in mich hinein, boom … boboom. War mein Herz außer Takt?

Meine Gedanken kreisten: Was würde ich am Ende meines Lebens über mein Leben sagen? Ich stellte mir vor, ich wäre mindestens hundert Jahre alt und hätte Enkel, die ebenfalls alt wären. Auch als Nichtromantikerin ist da die Sehnsucht nach einem Menschen, nach einer Familie. Ein Enkel würde dann fragen, ob ich etwas bereuen würde. Das Lied »Non, je ne regrette rien« von Édith Piaf ginge mir durch den Kopf, und dann würde ich mit »Nein« antworten. Aber das wäre nur die halbe Wahrheit. Ich würde nicht das bereuen, was ich getan hatte, sondern das, was ich nicht getan hatte. Eine Pause würde entstehen, ich würde nach weiteren Worten ringen, vielleicht würde ich noch als Warnung an die nächste Generation hinzufügen: »Ich war artig, aber nicht einzigartig.«

Na gut, so artig war ich auch wieder nicht, ich stach mir selbst Piercings in die Oberlippe, übrigens eine ganz schlechte Idee. Aber war ich einzigartig? Dass jeder Mensch auf seine Art und Weise einzigartig ist, so wie er ist, das würde ich erst im Verlauf meiner Lebensreise lernen. In diesem Jahr, schon längst nicht mehr hundert, spürte ich jedoch all meine Unzulänglichkeiten und dass mich etwas bremste. Eine unsichtbare Wand aus Erwartungen, Glaubenssätzen, Negativität. War es eine Wand oder hielten die anderen mich auf oder ich mich selbst? Letzteres war auf jeden Fall wahrscheinlich. Ich hinderte mich an meiner eigenen Entfaltung, an meinem Glück. Es fiel mir immer noch schwer, eine Käselaugenstange beim Bäcker zu verlangen. Die Worte gingen nur schleppend über meine Lippen und ich war immer froh, wenn ich das »Bitte« ausgesprochen hatte und wartend zu Boden starren konnte. Während der Schulzeit hatte ich deshalb meine Freundin vorgeschickt. Ich wusste nicht, warum das so war, aber jeder Kontakt zu Fremden war eine Mammutaufgabe für mich, was sich aber etwas besserte, als ich beruflich mit anderen Menschen zu tun hatte. Da waren diese Widersprüche in mir, auf der einen Seite das schüchterne Mädchen, auf der anderen Seite die Frau, die entschlossen die Welt entdecken wollte. Aber da waren auch so viel Angst und Trauer, so viel Abhängigkeit und Sehnsucht in mir. Und so viel Fremdbestimmung. Alle wussten besser als ich, was ich zu tun hatte, was ich tun sollte. Sie sprachen auf mich ein und ich verstand:

Was sie sich von mir wünschen, das wünschen sie sich eigentlich für sich selbst.

Manchmal merken Menschen gar nicht, dass diese Wünsche nicht einmal ihre eigenen Wünsche sind. Sie glauben, auf eine bestimmte Art handeln zu müssen, weil sie den Druck der Gesellschaft spüren. Weil sie glauben, man würde dieses und jenes von ihnen erwarten. Nicht weinen, Kinder bekommen, Besitztümer anhäufen, schlank sein. Sie machen eine Diät nach der anderen und am Ende ihres Lebens erinnern sie sich an die Kalorienanzahl einer Litschi. Sie sammeln Geld und keine Momente. Sie tanzen ihrer Mutter zuliebe Ballett, obwohl sie lieber ins All fliegen würden. Sie arbeiten, gehen in die Rente und sterben.

Ich wollte und will das nicht für mich. Ich hatte schon zu viele Entscheidungen getroffen, die eigentlich von anderen für mich getroffen wurden. Dabei hätte ich durchaus die Wahl gehabt, aber ich sah das damals noch nicht, es war schwer, sich aufzulehnen, weil ich doch sonst so zurückhaltend war. Vieles davon waren »gut gemeinte Ratschläge« und obwohl ich spürte, dass »gut gemeint« nicht gut für mich war, nahm ich sie an. Lehrer, Freunde, Partner und die Familie schlugen mit Vehemenz vor, wie ich auszusehen hatte, was ich essen, was ich sagen, was ich tun und sogar in welcher Stadt ich wohnen sollte. Ich wurde im Nordschwarzwald in Freudenstadt geboren. Ich wollte immer gerne nach Stuttgart ziehen, in die Großstadt, es kam mir aufregend vor, doch meine Mutter hielt das für keine gute Idee. Meine Idee auszuziehen hingegen fand sie in Ordnung, obwohl ich erst siebzehn war. Ich zog zwei, drei Dörfer weiter in eine Eineinhalbzimmerwohnung, war scheinbar frei, und doch steckte ich in diesem Alter noch in einer Entscheidung fest, die ich einst nicht so freiwillig getroffen hatte.

Ich wäre gerne Friseurin geworden. Ich bin ein kreativer Mensch und offen für alles Schöne. Die Gespräche mit den Kunden und Kundinnen, da bräuchte es ein bisschen Überwindung, aber ich konnte mir gut vorstellen, wie ich Strähnchen in Alufolie einpackte, mit der Schere hantierte und mich über Trends informierte. Eigentlich kein abwegiger oder unerreichbarer Traum, aber meine Mutter sagte immer: »Melissa, geh ins Büro.« Ich kann ihr dafür nicht böse sein, sie wollte das Beste für mich, für ihre Tochter. Ich müsste mich dann nicht abrackern und wäre nicht auf jeden Cent Trinkgeld angewiesen. Sie wünschte sich also für mich, was sie sich selbst wünschte: Sicherheit. Sie wünschte sich, was sich die Gesellschaft wünschte: »Schaffe, schaffe, Häusle baue.« Wie oft habe ich diesen Satz hier, wo ich wohne, schon gehört.

Nach der Realschule diskutierten meine Mutter und ich wohlgemerkt über meine und nicht ihre Zukunft. Ich sollte eine kaufmännische Ausbildung absolvieren, da könnte man nichts falsch machen. Ich sah mich schon, wie ich eine Friseurschürze gegen eine weiße Bluse austauschte, wie ich mit dunklen Augenringen unzählige Excel-Tabellen ausfüllte und immer wieder die Fehlermeldung #Null! auftauchen würde. Ich schüttelte den Kopf, einen Tick zu lange, fast wurde mir schwindlig. Auf keinen Fall.

Drei Jobs und ein Traum

Ich knöpfte meine weiße Bluse zu. Ich hatte noch das ungnädige Klingeln des Weckers im Ohr. 3:30 Uhr ist einfach keine Zeit, zu der man aufstehen sollte, zu dieser Zeit geht man höchstens ins Bett. Ich nahm noch einen Schluck Kaffee und noch einen Schluck, und ab der dritten Tasse fühlte ich mich bereit, das Haus zu verlassen. Ich drückte auf »Play« und die ersten Beats ertönten. Ich mag Deep House, es hört sich nach Cocktails unter Palmen an und warmem Sand, der durch die Hände rieselt. Dann schlug mir die eiskalte Luft ins Gesicht, die besser als das Koffein und die warme Dusche half. Es waren minus zwei Grad, es war ja auch Mitte Januar 2017. Wie gerne wäre ich jetzt woanders gewesen, ich hatte Fernweh.

Nach einer halben Stunde Autofahrt musste ich noch durch zahlreiche Gebäude laufen, bis ich schließlich um Viertel vor fünf im Büro der Textilfirma ankam. Ich fuhr alle Computer hoch und traf die letzten Vorbereitungen: Kaffee aufsetzen, die Programme auf den PCs öffnen, Unterlagen drucken. Um fünf startete die Schicht und es war kaum zu glauben, aber die anderen rissen sich oft um sie, vor allem im Sommer. Denn um dreizehn Uhr war Feierabend und alle gingen direkt danach ins Freibad, die meisten jedenfalls. Außer mir. Ich ging ins Solarium. Aber nicht, um mich zu sonnen, dort begann meine zweite Schicht, von sechzehn bis um zweiundzwanzig Uhr.

Abends war ich so aufgeputscht, dass ich nicht schlafen konnte. Ich schlief jede Nacht nur vier Stunden und tagsüber legte ich mich noch mal hin, aber das war nicht immer möglich. Eineinhalb Jahre hielt ich das aus. Anstatt etwas zu ändern, heulte ich mich bei meiner Freundin aus.

»Ich will einfach nur schlafen«, sagte ich.

Sie versuchte mich dann zu überreden, ich solle doch endlich zum Arzt gehen. Doch sie gab auf, weil sie von meiner Ärztephobie wusste. Ich hatte irgendwie immer die Angst, dass etwas Schlimmes dabei herauskommen könnte. Klassische Verdrängungstaktik. Denn wäre das der Fall, wäre es wohl besser, wenn ich mich mit der Krankheit beschäftigen würde. Aber ich wollte mich nicht mit Derartigem auseinandersetzen und so redete ich mir ein, dass ich, egal bei was, kein Problem hätte und es alleine ohnehin am besten hinbekommen würde. Ich ignorierte weiter die Signale meines Körpers, meine Bedürfnisse, und dachte nicht daran, dass sich der Körper früher oder später holt, was er braucht.

Ich schaute an mir herunter, jetzt hatte ich eine weiße Bluse und die dunklen Augenringe. Wie konnte ich nur im Büro landen?

Diesen Job im Kundenservice hatte ich über eine Zeitarbeitsfirma bekommen. Und prompt wurde ich an einen Computer gesetzt. Ich hatte noch nie einen Computer, aber wenn ich Smartphones bedienen konnte, würde ich das doch mit links machen, oder? Ich spürte die Schweißperlen auf meiner Stirn. Nein, darauf hatte ich nun wirklich keine Lust. Aber einige Minuten später dachte ich: Das ist etwas Neues, ich mag Neues. Challenge accepted. Ich lernte mich schnell in die Software SAP (Systeme Anwendungen und Produkte) ein, mit denen ich Daten verarbeiten konnte. Ich wickelte Aufträge ab, nahm Verträge an, und so hatte ich an diesem Tag Mitte Januar meinen ersten Festanstellungsvertrag vorliegen. Ich wurde direkt übernommen, die Firma wollte mich unbedingt haben.

Solche größeren, aber auch kleinere Erfolgserlebnisse braucht es, um sich mehr zuzutrauen. Ich wusste aber, auch wenn mir der Beruf mittlerweile Spaß machte, dass er nicht meine Endstation war, denn ich wollte meinen Traum nicht einfach beerdigen. Noch in diesem Leben würde ich Hairstylistin und Visagistin werden. Ja, eigentlich konnte ich mich schon so nennen, die Ausbildung hatte ich ja schon in der Tasche. Aber was wäre ich für eine Stylistin, wenn es mir nicht möglich war, zu stylen? Die Jobs blieben aus, aber ich musste nur dranbleiben und Geduld haben. Doch Geld verdienen musste ich trotzdem, also entschied ich mich für einen Bürojob über eine Zeitarbeitsfirma. In meinen alten Ausbildungsberuf wollte ich nicht wieder zurück.

Mein Ausbildungsberuf ist Drogistin, damals hatte ich das meiner Mutter als Kompromiss vorgeschlagen. Immerhin würde es sich dabei um eine kaufmännische Ausbildung handeln, zu der sie mir geraten hatte. Also einigten wir uns, aber der Anfang verlief nicht so reibungslos wie im Büro. Zwischen den Gängen der Drogeriekette, im Lager, hinter der Kasse war es einfach zu verlockend, sich zu verstecken. Es war das Gleiche wie bei dieser Laugenstange. Ich kriegte meinem Mund nicht auf, also kam meine Chefin nach der Probezeit zu mir und sagte:

»Melissa, wenn du jetzt nicht auf die Kunden zugehst, wird es schwierig für dich.«

Schwierig für mich, wiederholte ich in Gedanken, ja, es *war* schwierig für mich, das müsste es nicht erst werden. Ich spürte so etwas wie Wut in mir, kleine lodernde Flammen, schon wieder sagte man mir, was ich zu tun hatte. Du musst, du musst, immer muss ich etwas. Natürlich hatte meine Chefin recht, das gehörte auch zu meinem Job dazu, und wenn ich diesen behalten wollte, musste ich mich ändern. Doch in dem Moment hatte ich nur ihren Befehlston im Ohr, beinahe hätte ich mich mit dem militärischen Gruß von ihr verabschiedet, Hand an die Stirn. Das konnte ich vermeiden, aber nicht, dass ich mich im Ton vergriff. Auch der Ton der Filialleiterin wurde ernst.

»Melissa«, sagte sie, »du bist in der Probezeit.«

Ich dachte schon: Das war's. Aber nach einem kleinen Vortrag bekam ich eine letzte Chance und es machte Klick. Ja, es war eine Chance, eine Herausforderung, vielleicht, so dachte ich, könnte ich etwas lernen. So lächelte ich und schaute den Leuten direkt in die Augen. Ich hielt den Blicken stand und dieser kleine Erfolg trieb mich zum nächsten. Ich lief festen Schrittes vor, um das gesuchte Produkt oder Regal zu zeigen, ich machte sogar kleine Späße und wurde zum Liebling der Kunden und Kundinnen und auch der Chefin.

Ich kündigte trotzdem, doch jetzt wollte meine Chefin mich nicht mehr gehen lassen. Ich wusste aber, dass ich weiterziehen müsste. Ich hatte drei Jahre lang mein Bestes gegeben, ich hatte mein Ausbildungszeugnis in der Tasche, und das war etwas wert. Aber würde ich bleiben, würde mich das auf Dauer nicht glücklich machen. Das spürte ich in meinem Herzen. Ich bedankte mich für die Zeit, verabschiedete mich von meinen Kolleginnen und konzentrierte mich auf das, was mir spannender vorkam. Eine Ausbildung zur Stylistin, die ich in einer Akademie in Stuttgart absolvierte. Von Montag bis Freitag lernte ich acht Stunden die unterschiedlichsten Bereiche kennen: Branchenlehre, Hautanalyse, Produktkunde, Erfassen von Anatomie und Gesichtsformen, Herren-Make-up, Catwalk-Make-up, Theorie und Praxis der Styling-Tools wie des Kreppeisens, klassische Banane und andere Hochsteckfrisuren, Afro-Look und vieles mehr.

Danach kam der Bürojob und während ich dort Fortschritte machte, zog ich die ersten Termine an Land. Die Kundinnen empfahlen mich ihren Freundinnen und auch diese empfahlen mich weiter. Es lief gut, vor allem, weil ich beides anbieten konnte: Make-up und Hairstyling. Jedes Wochenende ging ich also zu Bräuten nach Hause oder ins Hotel und schminkte und frisierte sie. Ich rollte Locken ein, steckte Haare hoch, setzte Perlen ein. Endlich konnte ich mich ausleben, ich hatte erreicht, was ich wollte. Und ich liebte es.

Doch war das alles? Bei den meisten Menschen taucht irgendwann die Frage auf: War das alles? Und wofür das alles? Das kann eine ausgewachsene Sinnkrise sein oder auch nur eine vorübergehende Laune, die beispielsweise mit Mikroabenteuern vorbeigeht. Das sind kleine Abenteuer im Alltag, wie spontan loslaufen oder unter freiem Himmel schlafen – das tat ich später einmal. Einige werden merken, dass man ganz zufrieden mit dem sein kann, was man bereits hat. Ich war nicht todunglücklich, aber ich merkte, dass die Arbeit mich völlig vereinnahmte. Deshalb wollte ich die Fragen nicht unterdrücken, sondern sehen, welche Antworten ich darauf hätte. Ich wollte meine eigenen Wünsche und meinen Fokus überprüfen.

Es war Zeit für eine Bestandsaufnahme. Beruflich lief es gut, in der Liebe, na ja, darüber wollte ich nicht nachdenken, aber es gab ja noch mehr im Leben als den Beruf und die Liebe. Ich hatte noch andere Wünsche. Wünsche, die ich nicht auslebte, weil ich wie auf Autopilot durch die Straßen des Lebens fuhr. Sicherheit, Gewohnheit, das war ja alles schön und gut, denn dann müssen wir weniger nachdenken. Und niemand kann immer Aufregung gebrauchen.

Aber das Leben - das wartete da draußen auf mich, es wartet auf dich! Du sollst nicht nur überleben, du sollst leben.

Wir sind darauf trainiert, zu funktionieren, in einer Welt voller Grenzen. Denn es ist noch nicht so lange her, dass wir nicht alles werden konnten, nicht alles tun konnten. Oder jedenfalls war es nie einfacher als heute. Die Grenzen, die du meinst zu sehen, existieren nur in deinem Kopf. Du darfst dich frei entfalten. Bei einigen regt sich jetzt sicher Widerstand. Wo kämen wir denn hin, wenn wir Grenzen aufsprengen und alle sich selbst verwirklichen würden? Alles hat seine Ordnung, jeder und jede hat Pflichten. Aber die einzige Pflicht, die du hast, ist es, dich glücklich zu machen. So kannst du auch andere und die Welt glücklich machen.

Es ist doch logisch: Wenn du Dinge tust, die dir Kraft geben, kannst du die Kraft reinvestieren. Schalte den Automatismus aus, denk mal wieder nach, denk die Welt neu und verbinde dich dafür mit deinem Gefühl. Wir brauchen eine Welt, in der nicht immer nur das Äußere wächst. Höher, schneller, weiter. Viele von uns fühlen sich gestresst, eingeengt und gelangweilt.Es gibt sieben Faktoren, die uns stören könnten, und wenn sie das tun, dann sollten wir sie »entstören«: Druck, Selbstverleugnung, Misstrauen, starre Regeln, Übermotivation, Katastrophen- und Bewertungsdenken.[1] Wir müssen in uns selbst wachsen – und dann erwächst eine Welt wie ein Garten, den wir selbst angelegt haben. Eine noch bessere Welt als die, in der wir gerade leben. Und die Ansätze sind ja schon da:

Immer mehr Menschen besinnen sich darauf, was sie haben und was sie möchten. Sie begrünen Städte, gehen auf die Straße, entwickeln neue Arbeitskonzepte. Denn die Arbeit soll uns Freude bereiten und Zeit lassen für uns selbst, für Hobbys, für die Menschen, die wir gernhaben. Eine bunte, statt schwarz-weiße Welt.

Wir haben nur eine Welt und nur ein Leben, und hier schließt sich der Kreis: Ich wollte nicht hundert werden und dann das Leben bereuen, sondern es feiern. Die Psychologin und Autorin Ulrike Scheuermann rät genau dazu, einen Blick auf das Ende des Lebens zu werfen, wenn man sich seiner Wünsche bewusst werden will. Auch wenn das Ende schon morgen wäre. Das hört sich angsteinflößend und makaber an, aber wenn wir das Leben als endlich sähen, täten wir nicht länger alles Mögliche, sondern nur das, was für uns zählt. Also: Was würdest du tun, wenn morgen dein letzter Tag wäre?[2]

Denk nicht an das Geld, das du nicht hast, nicht daran, was du nicht kannst, wer nicht damit einverstanden wäre, wenn du das und das machen würdest. Wichtig ist allein: Was willst du tun? Ist es wirklich ein Lamborghini, den du dir kaufen möchtest, oder wünschst du dir in deinem Inneren etwas ganz anderes? Mach dir eine Bucket List, schreib dir auf, was du noch erleben möchtest, bevor du die Löffel abgibst (so wird »Bucket List« oft übersetzt). Denn indem du dir die Wünsche klarmachst, kannst du sie auch umsetzen. Wenn du dich nämlich auf eine Sache konzentrierst, wird deine Energie in diese eine Sache fließen. Denn: »Where the focus goes, energy flows«,[3] so der US-amerikanische Trainer Tony Robbins. (Mehr dazu auch im Kapitel »Du must wissen wohin, um deinen Weg zu gehen«.)

Das Fernweh, der Drang, die Welt zu sehen, wurde immer stärker, bis ich ihn nicht mehr unterdrücken konnte – und wollte. Ich saß mit meinen Freundinnen zusammen. Laura war mir sehr ähnlich, auch sie wollte nicht sofort ein Haus kaufen und Familie gründen, sie wollte etwas erleben. Und Jessi wollte gerne nach Asien, unter anderem nach Thailand.

»Warum nicht?«, sagte ich also in die Runde, und die anderen lachten und sagten: »Ja, warum eigentlich nicht?« Wir würden es einfach versuchen. Nein, wir würden es nicht nur versuchen, wir würden es tun. Doch erst müsste ich meinen Arbeitgeber und meine Familie informieren. Und ich sage extra *informieren*, weil ich nicht aufzuhalten war. Ich wollte nicht fragen und nicht diskutieren, ich spürte einfach, wie leicht mein Herz war und wie es mir sagte: Du tust das Richtige. Ich genoss auch immer die Urlaube mit Freunden und Familie. Wir waren mindestens einmal im Jahr im Ausland – Ägypten, Kroatien, Italien, Tunesien. Aber jetzt wollte ich mehr als die Standard-Touri-Länder, mehr als All-inclusive-Urlaub. Ich wollte fremde Länder, fremde Kulturen kennenlernen, verstehen, wie andere Menschen ticken, was sie haben, das wir nicht haben – oder anders herum. Es gab doch noch mehr als dieses Fleckchen Erde, auf dem ich mich momentan befand. Eine große Reise, ja, jetzt würde ich eine große Reise planen. Doch ich würde erst einmal gar nichts mehr planen. Denn wie John Lennon sang: »Life is what happens to you while you are busy making other plans[4].«

Durch die Angst gehen

Während ich damit beschäftigt war, zu planen, grätschte das Leben dazwischen und hatte seinen eigenen Plan für mich. Eines Tages entdeckte ich einen roten Punkt an meinem Bein. Ich musste mich verletzt haben, ohne dass ich es bemerkt hatte. Beim Rasieren oder im Vorbeigehen. Doch es tat nicht weh, und als ich genauer hinschaute, sah es eher aus wie ein rotes Muttermal. Hm, das ist merkwürdig, dachte ich. Aber ich wusste auch sofort, was zu tun war: zum Arzt zu gehen. Wäre da nicht meine Ärztephobie, die mir einflüsterte, noch ein paar Tage zu warten. Ich schaute wieder auf diesen roten Punkt, der da nicht hingehörte. Wenn es wirklich etwas sein sollte, müsste ich das abchecken lassen. Ich durfte mich nicht von meinen Ängsten leiten lassen und bereitete mich psychisch auf die bevorstehende Situation vor. Ich visualisierte jeden Schritt und sprach mir gut zu. Ich werde zur Arztpraxis fahren, meine Krankenkassenkarte überreichen, im Wartezimmer Geduld bewahren und mich dann untersuchen lassen. Ganz ohne Drama. Ich werde einfach tief durchatmen oder etwas weniger tief, um die Erkältungsviren und den Geruch von Desinfektionsmittel nicht ganz in die Lunge zu inhalieren.

Diese Technik des Visualisierens klappt oft, ich machte jedenfalls einen Termin beim Arzt aus. Noch besser funktioniert sie, wenn du dir ausmalst, wie es wäre, wenn du schon an deinem Ziel angekommen bist. Wenn du das nächste Mal nervös bist, versuch es selbst. Benutze dafür all deine Sinne. Du hast Angst, ein Referat zu halten? Stell dir vor, wie du das Klatschen deiner Mitschüler hörst, das

Lächeln deiner Lehrerin siehst, wie du erleichtert und auch stolz auf dich bist, zurück zu deinem Tisch gehst. Die Angst kannst du überwinden, wenn du möchtest und wenn du weißt, wofür du das tust. Das Referat brauchst du, um einen Abschluss zu haben. Ich wollte gesund sein.

Als ich es schaffte, zum Hautarzt zu gehen, mich einfach damit konfrontierte, merkte ich natürlich, dass meine Angst vor Ärzten unbegründet war – doch auch die Angst vor der Krankheit? Der Hautarzt sah sich den Fleck an. Ich versuchte an seinem Gesicht abzulesen, was los war, und da sagte er auch schon: »Ach, das ist halb so schlimm.«

»Also könnte es kein Hautkrebs sein?«, fragte ich und hörte mich wohl wie ein Hypochonder an. Denn wer denkt gleich an so etwas bei einem kleinen roten Punkt?

Der Arzt setzte seine Brille ab, lehnte sich entspannt in den Stuhl und sagte, ich solle es beobachten, aber erst einmal bräuchte ich mir keine Sorgen zu machen. Das machte ich auch nicht, dafür meine Mutter. Sie war noch skeptisch, was kein Wunder ist, da das ihr Grundzustand ist. Aber an dieser Stelle muss ich ihrem kritischen Wesen durchaus dankbar sein, denn sie drängte mich dazu, eine zweite Meinung einzuholen. Also trottete ich zu einem anderen Arzt, der gar nicht mehr so entspannt war, sondern eine Gewebeprobe entnahm und mir eine Überweisung in die Hand drückte. Für eine Spezialklinik in Tübingen.

Dort wurde nochmals eine Probe entnommen und jetzt wartete ich auf das Ergebnis. Ich versuchte nicht großartig daran zu denken, ich lebte weiter, machte Pläne – neben Thailand könnten wir auch auf die Philippinen, nach Indonesien. Ich arbeitete weiter in der Firma, tippte vor mich hin, und dann klingelte das Telefon. Keine Seltenheit im Kundenservice, aber es war ein Privatanruf auf meinem Handy. Die Uni-Klinik. Ich ging dran und die Arzthelferin ratterte emotionslos ihren Text ab. Ich legte auf und um mich herum fielen die Wände um, die Lippen der Kollegen bewegten sich geräuschlos, auf einmal war alles ganz anders. Das war wie ein Break für mich. Was vom Gespräch hängen blieb war ein einziges, aber großes Wort: »Melanom«.

Hautkrebs.

Melanom. Hautkrebs. Melanom. Ich wusste gar nicht, ob ich sie richtig verstanden hatte, ob ich den richtigen Schluss zog, aber diese Worte schossen durch meinen Kopf wie Patronen. Ich fühlte mich, als wäre ich in einem Feuerhagel gefangen. Einem Feuerhagel meiner eigenen Gedanken. Ich konnte keinen klaren Gedanken fassen, das war alles, was ich denken konnte. Hautkrebs. Ich? Wenn man jung ist, denkt man, dass man unverwundbar ist, dass solche Schicksalsschläge einen selbst nicht betreffen.

Der Tag war gelaufen und vielleicht auch die nächsten, war denn mein ganzes Leben gelaufen? Ich war doch erst in meinen Zwanzigern. Ich hatte zwar schon über meine letzten Worte nachgedacht, aber doch nur, weil ich noch so viel vorhatte. Die Worte würde ich nicht jetzt sprechen, sondern erst in achtzig Jahren. Das war der Plan. So schnell durfte das Leben nicht vorbei sein. Aber es konnte.

Okay, Melissa. Nicht durchdrehen. Ich musste mich in aller Ruhe fragen: Was jetzt? Ich war ja kein Vogel Strauß, sondern Melissa. Ich würde nicht den Kopf in den Sand stecken. Aber wie geht man mit so einer Nachricht um, wenn sie einen erreicht? Wie gehst du mit Dingen in deinem Leben um, die einfach nicht in dein Leben passen? Zum Beispiel der Tod eines geliebten Menschen, eine Trennung oder ein geplatzter Traum?

Resilienz, die seelische Widerstandsfähigkeit. Das ist eine Lösung, denn nicht jeder zerbricht an solchen Situationen. Menschen, die eine widerstandsfähige Haltung entwickelt haben, sagen sich: Egal was auf mich zukommt, ich kann und werde damit umgehen können. Sie kümmern sich außerdem sorgsam und liebevoll um sich selbst und lassen auch zu, wenn jemand sich um sie kümmern möchte. Freunde oder die Menschen in einer Selbsthilfegruppe. Das macht die Schicksalsschläge nicht ungeschehen, man bekommt den Menschen nicht zurück und wird vielleicht auch nicht gesund, aber es gibt einem die Kraft, die schönen Dinge des Lebens irgendwann wieder wahrnehmen zu können, auch wenn man im Moment nicht weiß, wozu das gut sein soll. Ich habe an dieser Stelle, bei der Diagnose, versucht, mich abzulenken. Mich mit angenehmen Dingen zu beschäftigen, zu schauen: Was tut mir gut und was nicht? Den Fokus zu verschieben. Ich wollte das Negative nicht zu sehr an mich heranlassen.

Denn je mehr ich mich auf das Schlechte konzentriere, desto schlechter kann es werden. Das ist mein Credo.

Ich hatte also nicht lange mit meinem Schicksal gehadert. Ja, ich glaube an so etwas wie das Schicksal und ich nehme es an, wie dieses für mich bestimmt ist. Nichts passiert ohne einen bestimmten Grund. Auch wenn ich diesen Grund nie erfahren werde. Aber ich will nicht lügen, ich war kein Zen-Meister, ich hatte eine Scheißangst. Google machte das auch nicht besser. So wissbegierig, wie ich bin, gebe ich alles, was mich interessiert, in die Suchmaschine ein. Und damals spuckte sie Dinge wie Immun-, Strahlen- oder Chemotherapie aus, auch, dass ein Melanom schon früh Metastasen, also Tochtergeschwülste, im Körper bildet. Und je mehr der Krebs streut, umso schwieriger sei es, ihn vollständig zu entfernen. Aber auch hier wollte ich mich doch nicht von meiner Angst beherrschen lassen. Wenn ich es zum Arzt geschafft hatte, was schon einmal sehr gut war, dann müsste ich den Weg auch weiter beschreiten können, es zu Ende bringen. Das hieß diesen Fleck entfernen lassen, also: sofort operieren. Denn ich verstand auch, dass das Leben dir oder mir zwar so passiert, ungeplant und manchmal heftig, aber dass wir dem nicht machtlos gegenüberstehen. Wir haben die Macht, dem zu trotzen und etwas aus der Situation, aus unserem Leben zu machen. Und darum geht es letztendlich: es einfach zu machen. Durch die Angst zu gehen.

Denn Angst ist wie ein dichter Nebel, der undurchdringbar scheint. Dabei ist sie nur ein Gespenst, das sich auflöst, wenn wir hindurchgegangen sind.

Das ist das Einzige, was wirklich gegen die Angst hilft: Konfrontation. Borwin Bandelow, Professor für Psychiatrie und Psychotherapie in Göttingen und Angstexperte, rät zu dieser Strategie. Er hat einen extremen Vorschlag. Wer sich vor Hunden fürchte, sollte sich in einen Käfig mit Dobermännern begeben. Na ja, besser wäre wohl ein Familien- statt ein Kampfhund. So oder so, die Konfrontation helfe, Phobien abzulegen. Weil man merke, dass von ihnen keine Gefahr ausgehe.[5] Und so ist es mit allen Dingen, vor denen wir uns fürchten. Wir müssen sie anpacken, besonders wenn sie uns nützen sollen. Sonst werden wir immer Angst haben. Wer nach einem Autounfall nicht in ein Auto steigt, wird immer Angst haben, wenn er in einem Wagen sitzt. Wer sich aus Angst vor Zurückweisung nicht um den Traumjob bewirbt, wird stagnieren und sich nicht weiterentwickeln. Man muss wagen, was man nicht kennt, egal wie unangenehm es erst einmal sein wird. Man muss seine Komfortzone verlassen, das ist der einzige Weg zum Wachstum. Und wenn man das getan hat, hat man die Power, auch anderes zu meistern.

Ich brachte die OP hinter mich, doch dann sagte man mir bei der Nachsorge, dass immer noch befallenes Zellgewebe vorhanden sei. Ich musste also nochmals operiert werden. Und am Ende konnte man nicht einmal sagen, ob der Tumor bösartig war oder nicht. Doch es war vorbei und ich fühlte etwas in mir wachsen: Selbstvertrauen. Indem ich tat, wovor ich Angst hatte, mich etwas traute, lernte ich, dass ich mir etwas zutrauen konnte. Jetzt konnte ich mich wieder meinen Plänen, meiner Reise widmen.

Selbstvertrauen, Selbstverantwortung, Selbstwirksamkeit, Selbstliebe, was bedeuten sie? Es gibt sogar noch mehr Wörter in der deutschen Sprache, die sich in einem ähnlichen Feld bewegen, zum Beispiel »Selbstwert« und »Selbstbild«. Es macht Sinn, sie einzuordnen, abzugrenzen und zu erklären, denn sie alle tragen zur Entstehung des Selbstbewusstseins bei. Ich denke, das ist für viele eine Eigenschaft, die schwierig anzunehmen ist, jedenfalls mir ist es schwergefallen, und doch ist sie absolut relevant, wenn man etwas erreichen möchte – sei es Zufriedenheit oder Erfolg.

Doch was bedeutet Selbstbewusstsein genau? Der Duden gibt zwei Bedeutungen wieder. Die eine kommt aus der Philosophie und meint, der Mensch ist sich seiner selbst, als denkendes Wesen, bewusst. Die zweite Bedeutung: »Das Überzeugtsein von seinen Fähigkeiten, von seinem Wert als Person, das sich in selbstsicherem Auftreten ausdrückt.«[6] Damit sind die Wörter »Selbstwert« und

»Selbstsicherheit« auch erklärt. Selbstsicherheit hängt wiederum eng mit dem Selbstvertrauen zusammen, dem Vertrauen in sich selbst und dem Vertrauen, mit allen Schwierigkeiten fertigwerden zu können. Dieses kommt durch die Selbstwirksamkeit, welches sich durch Erfolgserfahrungen bildet. Wer denkt, etwas schaffen und beeinflussen zu können, ist auch zu besseren Leistungen und Anstrengungen fähig.[7] Er wird so auch eher Verantwortung für das eigene Handeln übernehmen; wer sich selbstverantwortlich fühlt, denkt, er sei König oder Königin über sein eigenes Leben.

Selbstwirksamkeit und Selbstverantwortung sind vom Begriff »Selbstwert« abzugrenzen. Erstere können Letzteres aber beeinflussen, doch der Selbstwert entsteht zum großen Teil durch die Interaktion mit anderen Menschen. Zum Beispiel dadurch, wie viel Wertschätzung und Anerkennung man erlebt hat. Doch der Selbstwert kann durch eine andere Einstellung zu sich selbst, durch das Selbstbild, aufgebaut werden. Das ist eine eigene Entscheidung, die du persönlich treffen kannst. Liebe dich selbst (Selbstliebe) oder nimm dich fürs Erste zumindest an (Selbstannahme oder auch Selbstakzeptanz), so, wie du bist. Der US-amerikanische Psychologe Nathaniel Branden hatte noch andere Bedingungen gestellt, die zu einem guten Selbstwertgefühl beitragen: das Leben bewusst, zielgerichtet und eigenverantwortlich zu leben. Und außerdem zu sich und seinem Wesen zu stehen. Also zum einen, sich selbst behaupten zu lernen, und zum anderen seine »persönliche Integrität« zu wahren.[8] Das heißt auch: eigene Entscheidungen zu treffen.

Eigene Entscheidungen

Kaum hatte ich also den festen Arbeitsvertrag in meinen Händen, fragte ich auch schon, ob ich drei Monate freinehmen könnte. Ich erwartete heruntergeklappte Kinnladen und hochgezogene Augenbrauen, alles lief auf eine Absage hinaus, doch mein Arbeitgeber sagte nur: »Warum nicht?«

Ich lächelte, das war mein Satz und wir legten den Termin für nächstes Jahr, Herbst 2018, fest. Bis dahin könnte ich genügend Geld sparen, um möglichst viel sehen zu können. So arbeitete ich weiter in drei Jobs – Büro, Solarium, Styling – und war relativ fit, denn ich wusste, wofür ich das tat. Irgendwann müsste ich meinen Plan nur noch meiner Mutter und meinem Stiefvater beibringen.

Mittlerweile war es nicht der eiskalte Wind, der mir ins Gesicht schlug, man fühlte ja nicht einmal einen Luftzug. Es war einer dieser brütend heißen Tage im August. Ich stieg aus dem Auto und meine Jeans und mein weißes Top klebten an meiner Haut. Ich atmete kurz ein und ging die Treppen hoch zu meinen Eltern. Vielleicht war es nicht so klug, sie einfach vor vollendete Tatsachen zu stellen, vielleicht hätte ich sie in meine Planung einbinden sollen. Ich hatte es versucht, machte Andeutungen wie: »Eines Tages mache ich eine Weltreise.«

»Klar, im Bulli, ich weiß«, sagte meine Mutter daraufhin und lachte.

Sie nahm mich nicht ernst und an einem anderen Tag sagte ich zu ihr, dass ich sogar schon ganz bald aufbrechen würde, aber sie hörte mir nicht zu. Mit ein Grund, weshalb das Verhältnis zu meiner Mutter und meinem Stiefvater nicht das beste war. Weil ich mich nicht verstanden gefühlt hatte. Es machte wenig Sinn, mich mit ihnen auszutauschen. Ich dachte, das könnte ich mit meinen Freunden besser. Trotzdem sollte ich ihnen von der Reise erzählen, auch wenn ich wusste, was sie sagen würden. Aber ich konnte ja nicht einfach verschwinden und mich nicht mehr bei ihnen melden. Also zupfte ich mein Shirt zurecht und umarmte Mutter zur Begrüßung. Dann sagte ich, fast beiläufig:

»Ich habe mich für drei Monate freistellen lassen.«

Bevor ich weitersprechen konnte, fragten sie gleichzeitig: »Warum?«

»Eine Asienreise. Mit Laura und Jessi«, antwortete ich knapp.

Sie schauten mich an, als hätte ich einen Vogel, als würden mir alle Tassen im Schrank fehlen, als hätte ich eine Schraube locker. Aber ich hatte keinen Vogel, die Tassen waren alle an ihrem Platz und ich bestand nicht aus Schrauben. Ich knüpfte an meine Geschichte an und sagte meinen Eltern, dass ich mich schon um alles gekümmert hätte.

»Die Flüge sind gebucht, die Unterkünfte ausgesucht, ein paar Touren geplant«, erklärte ich begeistert.

Sie dagegen schienen weniger begeistert.

»Und der Hund?«, fragten sie.

Ich schaute auf Djego, mein ganzer Stolz, eine französische Bulldogge. Mit kurzen Beinen, Fledermausohren, die hoch vom Kopf abstehen, und einem treuen Blick. Hätte ich mir das vorher überlegen müssen, bevor ich mir einen Hund anschaffte? Immerhin hatte ich die Verantwortung für ihn, andererseits war er auch an meine Eltern gewöhnt und dort gut aufgehoben.

»Könnt ihr nicht auf ihn aufpassen?«, fragte ich.

»Ja und dann? Was ist mit deiner Arbeit, die nehmen dich einfach wieder? Wie soll das finanziell gehen? Und was alles passieren kann, das ist doch gefährlich. Du bist zu jung.«

Mutters Welle aus Kritik und Angst traf mich, jetzt wusste ich wieder, weshalb ich dieses Gespräch nicht führen wollte. Ich wollte niemanden, der mich aufhielt, ich brauchte jemanden, der mich unterstützte. Ich selbst hatte all diese Punkte im Blick, ich benötigte eher eine Person, die sagte: »Ja, wie schön! Das wird eine tolle Erfahrung!« Ausrufezeichen statt Fragezeichen, das war es, was wichtig gewesen wäre. Ja, ich war jung, aber doch nicht zu jung, also antwortete ich: »Ich bin zweiundzwanzig, Mama«, obwohl sie mein Alter wissen müsste, sie hatte mich auf die Welt gebracht. Meine Mutter schüttelte den Kopf, aber ich sah ihre Angst. Ich versuchte, sie ihr zu nehmen, den Nebel aufzulösen, und betonte, dass wir zu dritt unterwegs seien, dass wir aufeinander aufpassten.

»Und das auch noch. Zu dritt! Das geht nie gut!«, rief meine Mutter.

Okay, das war zu viel, ich nahm Djego, notfalls würde ich ihn mit nach Asien nehmen, und stürmte aus dem Haus. Ich flüchtete.

In die Arme eines Mannes. Ich lernte ihn über Instagram kennen. Groß und attraktiv, fast zehn Jahre älter. Er hatte dieses Besondere und mit ihm fühlte ich mich lebendig. Wir lachten viel zusammen, und wie er mich ansah … Es war dieses Gefühl, das ich brauchte: geliebt zu werden. Auch er wollte geliebt werden, aber nur nachts und an den Wochenenden. Seiner Familie wollte er mich nicht vorstellen, seinen Freunden erzählte er, ich wäre »eine« Freundin. Er war mehr Lebemann als Lebenspartner. Er hielt mich auf Abstand, jedenfalls emotional. Er wolle keine Beziehung, sagte er immer wieder, er wolle sich nicht binden, keine Verpflichtungen. Er wolle noch warten. Gut, dachte ich, aber was will ich? Ich will ihn, und wenn das bedeutete, warten zu müssen, dann wartete ich eben. Ich, die nicht mal in einer Supermarktschlange warten kann. Ich hatte wohl mehr Liebe für ihn als für mich selbst übrig, aber das wusste ich damals noch nicht. Damals dachte ich, man müsse für die Liebe kämpfen, für jede Liebe. Und es war ja immer schön, wenn ich mit ihm zusammen war.

Also machten wir so weiter wie bisher. Aber ich merkte auch, wie ich in den nächsten Monaten litt, weil ich mich wie eine Affäre behandeln ließ. Irgendwann nannte ich ihn auch nur noch »Affäre«. Da war zwar keine Ehefrau, aber ich vermutete, dass ich nicht die Einzige war, die er so hinhielt. Ich fühlte mich wie die zweite Frau, die darauf wartete, dass er die andere oder die anderen verließ. Die darauf wartete, dass sie die Liebe, Aufmerksamkeit und Zeit bekäme, die sie verdiente. Und so glaubte ich seinen gesäuselten Worten, er sagte immer wieder, wie toll ich doch sei und dass der Zeitpunkt vielleicht irgendwann kommen würde. Ich nahm die Hoffnung dankend an wie ein Hungernder eine Mahlzeit. Aber ich wusste nicht, wie lange ich warten könnte, es zehrte an mir. Und so betete ich vor mich hin: »Lass mich bitte jemand anders lieben. Nicht ihn. Bitte nicht.« Ich zog mich in mich zurück, wie in einen Kokon. Ich entfernte mich, von meiner Familie, von meinen Freunden, von mir. Ich wurde still, immer stiller, bis ich schließlich ganz verstummte. Ich hatte mich verloren.

Es war an der Zeit, diese Reise anzutreten, an der Zeit, mich wiederzufinden und ganz laut zu sagen: »Ich gehe.« Aber diesen Schritt wagte ich nicht, dafür hatte ich noch ein zu geringes Selbstvertrauen, also sagte ich zu ihm: »Ich gehe nach Asien.«

Seine Reaktion hätte mir zeigen müssen, dass diese Affäre, die sich mittlerweile ein Jahr hinzog, niemals zur Beziehung werden würde, niemals zu einer Beziehung werden durfte. Denn er sagte einfach: »Nein.«

»Wie nein?«, fragte ich innerlich und ich dachte wirklich darüber nach, ob ich bleiben sollte. Ob ich lieber mich verlor als ihn. Dann sprach er weiter und meinte, er würde das einfach nicht wollen. Und er wiederholte sein Nein.

Das Herz ist ein wundersames Ding, dabei ist es gar kein Ding und trotzdem behandeln es viele als solches. Ich spürte meinen Herzschlag im Hals, als würde das Herz augenblicklich explodieren. Schon wieder wusste jeder besser als ich, was ich zu tun hatte. So viel Fremdbestimmung statt Selbstbestimmung. Ich muss mich davon lösen, dachte ich, ich muss die Macht über mich selbst gewinnen. Die unsichtbare Wand tat sich auf. Bleib stark, sagte ich, ich wusste, dass da eine Kraft in mir war, obwohl ich sie schon lange nicht mehr gespürt hatte. Ich war nicht wieder gesund geworden, um mich jetzt von einem Mann krank machen zu lassen.

So erklärte ich in fast gespenstischer Ruhe:

»Wir führen keine Beziehung. Du willst keine Beziehung. Warum soll ich also nicht reisen? Warum soll ich was aufgeben, wenn du nicht einmal dein Singleleben aufgeben kannst?«

Dann ging ich aus der Tür, wie ich auch aus der Tür meines Elternhauses gegangen bin. Später antwortete ich nicht auf seine Nachrichten und ich nahm auch keinen seiner Anrufe entgegen. Es schmerzte, aber ich war jetzt bereit für diese Reise. Die Reise zu mir selbst.

Sie hatte schon begonnen, indem ich die ersten Schritte unternahm, ich selbst zu sein, in einer Umgebung, die mich nicht mich selbst sein ließ. Aber nun würden sicher noch mehr Fragen auftauchen, Fragen, die mich nicht verunsichern, sondern leiten würden. Denn: Die richtigen Fragen führen zu den richtigen Antworten. Fragen wie: In welchen Momenten fühle ich mich gut, in welchen weniger? Wo muss ich Grenzen ziehen? Was kann ich und was nicht? Was brauche ich und was kann ich geben? Was sind meine Werte? Diese letzte Frage musste ich jetzt beantworten, um das Leben zu führen, das zu mir gehörte. Denn anhand dieser Frage würde ich die Richtung bestimmen. Wenn auch du das tun möchtest, dann suche dir drei Werte aus. Auch Eigenschaften oder Dinge sind erlaubt, die dir wichtig sind.

Wenn ich mich auf drei Werte beschränken müsste, so wären es: Liebe, Entfaltung und Authentizität. Ich wollte Liebe geben und nehmen, authentisch, also auch ehrlich zu anderen und zu mir sein. Ich wollte ganz so sein, wie ich sein wollte – und nicht nur, wie ich im Moment war.

Asien is calling

Bevor ich die Reise mit meinen Freundinnen antrat, schmissen wir eine Abschiedsparty. Immerhin würden wir unsere anderen Freunde die nächsten drei Monate nicht sehen können. Außerdem sind Feste gut, um ein neues Kapitel einzuläuten, darum werden wohl auch Geburtstage und das neue Jahr gefeiert. Die Asienreise würde mein neues Kapitel werden und ich freute mich darauf, auch wenn ich die ganze Zeit weinte. Die Party begann mit Heulen, ging weiter mit Heulen und hörte auf mit Heulen. Ich spürte wieder in mich hinein – wollten die Tränen oder mein Herz mir etwa sagen, dass die Reise vielleicht doch nicht das Richtige für mich war? Nein, das war es nicht.

Seitdem ich aus dem Haus meiner Mutter gestürmt war, hatten wir keinen Kontakt mehr. Wie könnte ich auf eine solche Reise gehen, mich von allen verabschieden, aber nicht von ihr? Ich brauchte ihren Rückhalt, aber wenn ich ihn nicht bekam, dann musste ich eben so weitermachen. Ich versuchte mich abzulenken, den Abend zu genießen, und eigentlich war es ja auch wirklich schön. Wir hatten auf dem Feldstück einer Freundin Bierbänke aufgebaut und ein bisschen geschmückt. Auf einem Tisch standen Kartoffelsalate, Nudelsalate, gemischte Salate. Daneben rauchte die Kohle, es sollte gegrillt werden. Nach dem Essen wurde es schnell dunkel, es wurde immer frischer – und die Tränen flossen wieder. Wenig später hörte ich das Geräusch von Reifen auf Kieselsteinen, ich schaute auf, und da war ein weißer Wohnwagen zu erkennen. Er sah aus wie unserer, ich wischte mir über die Augenlider. Er sah nicht nur aus wie unser Wohnwagen, er war es auch.

Mein Stiefvater ging die zwei Stufen herunter und half

meiner kleinen Schwester beim Aussteigen, dann hüpfte meine andere Schwester heraus und ich fragte mich, ob sie alleine gekommen waren. Doch da war sie, Mama, die hinter dem Wagen hervortrat. Als sie sich näherte und unter der Lichterkette stand, entdeckte ich ihr Lächeln auf den Lippen. Ich war stur, genauso wie sie, aber jetzt machte sie einen Schritt auf mich zu und ich ging ihr entgegen. Keiner von uns beiden dachte mehr nach, wer schuld war und wer nicht, wir umarmten uns. Die Schulter meiner Mutter wurde nass, dann löste sie meine Umarmung und sagte: »Ich wünsche dir viel Spaß.« Auf einmal versiegten die Tränen und ich spürte, dass ich jetzt gehen konnte. Aber ich wäre so oder so gegangen.

Natürlich ist es schöner, wenn alle hinter deinen Entscheidungen stehen. Aber Entscheidungen, die du alleine getroffen hast, zeichnen sich eben auch manchmal dadurch aus, dass du sie alleine durchziehen musst.

Im Flugzeug nach Thailand dachte ich noch einmal an diesen Moment. An alles, was die letzten Monate passiert war. Und ich musste wieder an meine Affäre denken. Ich wusste, dass er mir nicht guttat, und trotzdem wollte ich ihn. Ich hoffte, dass die räumliche Trennung auch für eine emotionale Trennung sorgte. Ich blickte zu Jessi, die eingeschlafen war, und zu Laura, die auf den Bildschirm schaute. Wir flogen über Rumänien, das Schwarze Meer, Afghanistan, über Indien. Und nach vierzehn Stunden Flug beobachtete ich, wie wir die Wolkendecke durchbrachen und auf einmal die Skyline von Bangkok auftauchte. Es sah so anders aus als das, was ich bisher gesehen hatte, und ich realisierte: Ich war 9013 Kilometer weit von Freudenstadt entfernt. Und das fühlte sich fantastisch an, ich wollte schon so lange raus aus dem Gewohnten, aus dem Alltag.

Übermüdet, aber glücklich gingen wir die Gangway hinunter. Die warme Luft hüllte mich ein und wenig später standen wir vor unserem Hotel. Mein Mund öffnete sich von ganz alleine. Ich schaute hoch, konnte aber kaum das ganze Gebäude erfassen. Einunddreißig Stockwerke und darauf eine runde Konstruktion – eine 360-Grad-Lounge, von der aus man wohl die ganze Stadt überblicken konnte. Aber die Aussicht hier unten war auch nicht schlecht, das Hotel war direkt am Chao Phraya, dem »River of Kings«. Er wird so genannt, weil die thailändischen Könige ihre Sitze in Städten hatten, die an dem 370 Kilometer langen Fluss liegen.

Wie die Königinnen gingen wir nun in das Hotel. Wir wollten uns bei der Ankunft so fühlen, das hatten wir schon in Deutschland beschlossen, und darum hatten wir für eine Woche das Hilton gebucht, später würden wir in Hostels übernachten. Die Lobby war futuristisch, mit geometrischen und glänzenden Formen. Ein Duft stieg mir in die Nase, in diesem Viersternehotel wurde nichts dem Zufall überlassen. Kaum im Zimmer angekommen, ließ ich mich auf das Bett fallen. Ich fuhr mit den Fingerspitzen über die schneeweiße, gestärkte Bettwäsche – und schlief ein. Endlich wieder ruhig schlafen und vor allem durchschlafen. So fühlte es sich also an, wenn man tut, was man will. Als wäre alle Last der letzten Zeit von mir gefallen.

Nach der ersten Woche in Bangkok spürte ich jedoch wieder mehr und mehr von dieser Last, von dem Gewicht auf meinem Herzen. Wir hatten viele Pläne im Vorfeld gemacht und versuchten jetzt, dass jeder seinen Plan verfolgen konnte. Jessi wollte sich im Umwelt- und Naturschutz engagieren. Laura wollte an einen Surfspot reisen und dort

einen Tauchschein machen und ich wollte in einem Tierheim aushelfen. Durch größere Kompromisse hätte ich
auch einmal etwas anderes erlebt, was ich sonst nicht erleben würde, aber die kleinen Kompromisse im Reisealltag,
die störten mich. Die eine wollte dorthin, die andere hier-
hin. Die eine wollte noch dieses machen, die andere war
schon müde. Die eine wollte reden, die andere die Aussicht
genießen. Ich war hier, um mich selbst zu finden. Ja, das
war vielleicht ein bisschen viel von einer Reise verlangt,
aber ich durfte jetzt nicht wieder versuchen, es jedem recht
zu machen. Jedem, außer mir. War das egoistisch?

*Selbstliebe ist das Gegenteil von Egoismus, von
Narzissmus, nur wenn du dir auf Augenhöhe
begegnest, kannst du das bei anderen tun.*

Mir fielen die Flugbegleiterinnen von meinem Hinflug
ein. Wie sie nach rechts und links deuteten und sagten:
»Im unwahrscheinlichen Fall eines Druckverlusts fallen
automatisch Sauerstoffmasken aus der Kabinendecke.
Ziehen Sie die Maske zu sich heran und drücken Sie sie
fest auf Mund und Nase. Atmen Sie normal weiter. Helfen
Sie danach Kindern und hilfsbedürftigen Personen.« Und
das ergibt Sinn, auch wenn es anfangs egoistisch, ja sogar
grausam klingt. Denn sogar eine Mutter sollte sich erst
selbst versorgen, damit sie nicht innerhalb weniger Sekun-
den orientierungslos und dann bewusstlos wird und nach
einigen Minuten womöglich an Sauerstoffmangel stirbt.
Dann ist niemandem geholfen. Mit der Maske hingegen
kann sie ihren Kindern bei klarem Verstand schnell und
zielgerichtet helfen und auch noch später für sie da sein.
Und so ist es auch im wahren Leben. Macht man immer
nur das, was andere vermeintlich brauchen oder möchten,

hilft man immer nur ihnen statt sich selbst. Dann wird man unzufrieden, gestresst und im schlimmsten Fall krank.

Ich fühlte mich schwach und antriebslos, gestresst und enttäuscht. Ich spürte dieses Grummeln in meinem Bauch, das sich anfühlte, als käme es von einem Magengeschwür. Von außen betrachtet sah alles so traumhaft aus: die Aussicht von der Rooftop Bar, der Drink in meiner Hand, aber in mir drin sah es anders aus. Ich nuckelte an dem Trinkhalm und betrachtete das funkelnde Lichtermeer der Stadt. Es könnte so schön sein, wenn ich mich zwingen würde, meine Emotionen herunterzuspielen und meine Bedürfnisse zu ignorieren. Schon früher hatte ich mich oft nach meinen Partnern gerichtet, nach meiner Mutter, jetzt wollte ich, wenn ich ein Bedürfnis hatte, zum Beispiel nach Ruhe, es auch erfüllen.

Laura und Jessi sprachen von der anstehenden Dschungeltour, zu der ich mich breitschlagen ließ. Nicht einmal dazu konnte ich Nein sagen.

»Das wird toll!«, jubelten sie und ich murmelte ein dahingesagtes »Ja«.

»Was ist eigentlich los mit dir, Melissa?«, fragte Laura.

Ich wusste nicht, was ich antworten sollte, auch wenn es in meinem Kopf ganz laut schrie. Nein, das wird nicht toll. Nein, ich möchte diese Reise nicht mehr mit euch machen. Ich fragte mich, ob meine Mutter recht hatte, ob Dreierkonstellationen immer zum Scheitern verurteilt sind.

»Melissa?«, riss mich Jessi aus meinen Gedanken.

»Ja«, antwortete ich und sonst nichts.

Am nächsten Morgen machte ich mich alleine auf den Weg. Ich schlenderte durch die Straßen Bangkoks und blieb vor einem kleinen Tempel stehen. Ich ging hinein und setzte mich vor eine goldene Buddha-Statue. Buddhas Haare waren wie zu kleinen Schnecken eingedreht, er saß im Schneidersitz, die rechte Hand zeigte zum Boden, die linke zum Himmel. Anscheinend ist das die Pose der Erleuchtung, auf Thailändisch *bhumisparsa mudrā* genannt. Der Legende nach wollte Mara, der Gott des Bösen, Buddha bei der Meditation stören. Er wollte ihn mit der Schönheit seiner Töchter ablenken und als das nichts brachte, bot er ihm die Weltherrschaft an. Aber Buddha hatte dafür nur ein Wort übriggehabt: Nein. Mara wollte ihm schlussendlich klarmachen, dass er nicht einmal auf diesem Boden sitzen dürfe, der Boden gehöre nicht ihm. Buddha sagte, er habe diesen Platz verdient, weil er viele gute Taten verrichtet habe.

Ich schaute die Statue weiter an, prägte mir jedes Detail ein, dann zündete ich ein Räucherstäbchen und zwei Kerzen an. Auf einmal überkam mich ein friedliches Gefühl. Es lag wohl an der Schönheit dieses Ortes, an der Stille, dem Raum und an der Freiheit, meinen Gedanken nachzuhängen. Wenn Buddha sogar die Weltherrschaft ausschlagen konnte, konnte ich doch eine Reise mit Freunden ausschlagen. Ich hatte hart für meinen Traum gearbeitet, und ich wollte die Welt jetzt auf meine Art entdecken. Ich wollte mich von nichts und niemandem leiten lassen. Nicht von dem Guide, der die Dschungeltour machen würde, nicht von meinen Freundinnen, die diesen Urlaub so eng getaktet hatten. Heute die berühmtesten Tempel besichtigen, morgen eine Bootsfahrt, dann Abendessen auf einem schwimmenden Markt, übermorgen Wandern. Ich hatte zwar alles mitgeplant, aber dass es mich so einengen würde, hatte ich nicht vorhergesehen. Aber das tat es jetzt nun einmal, und dass ich das ernst nahm und somit auch mich ernst nahm, ließ meinen Bauch schon etwas ruhiger werden. Jetzt war es nicht nur in mir friedlich, sondern ganz klar. Ich musste meiner allerbesten Freundin in Deutschland von meinem Durchbruch erzählen. Es klingelte dreimal am anderen Ende und Eda fragte:

»Es ist drei Uhr nachts, ist alles okay?«

»Oh, ja, sorry. Ich wollte dich nur hören«, sagte ich.

»Und?«, fragte sie wissend, dass da noch mehr war, das musste sie an meiner Stimme erkannt haben.

»Ich muss die Reise alleine machen. Ich muss ohne Laura und Jessi weiter.«

Eda war perplex, noch verschlafen, aber sie verstand mich, wie sie es immer tat. Aber sie sagte auch, ich solle darüber nachdenken, also tat ich das. Das war aber nicht der einzige Deutschland-Kontakt. Meine Affäre schrieb mir: »Ich warte auf dich. Ich vermisse dich.« Ich legte den Zeigefinger auf das Display, tippte »Ich auch« in das Feld und löschte es wieder.

Der kleine Tempel war schön, nicht so imposant wie die sechsundvierzig Meter hohe und fünfzehn Meter lange, liegende Buddha-Statue in Bangkok, aber genauso inspirierend. Diese Kultur wollte ich kennenlernen, voller Geschichten und Weisheiten, voller Farben und Gerüche, voller Spiritualität. An jeder Straßenecke waren Altäre mit Buddha-Statuen und Räucherkerzen zu sehen und auch Menschen, die einem die Karten legten, aus der Hand lasen oder die Zukunft vorhersagten. Aber das wollte ich nicht, ich fand das unheimlich. Fremde, die mehr über einen wissen als man selbst und möglicherweise auch Hiobsbotschaften übermittelten. Daran kann man doch nicht ernsthaft glauben, oder? Ich war auf der Suche nach dem Shirt, an dem ich einmal vorbeigelaufen war. Eines mit Flamingos und ich wollte es gerne meinem besten Freund schenken, weil wir zu der Zeit darauf standen. Jessi und Laura wollten bald nachkommen, ich machte kurz halt, um mir ein Wasser zu kaufen.

»Hello«, sagte ein Mann hinter mir. Ich nahm die Flasche und lief schnell weiter.

»Stay, stay!«, rief er mir hinterher und ich weiß nicht warum, aber ich blieb stehen und drehte mich um. Ich bin einfach zu neugierig. Der Mann sah aus wie ein Thailänder. Er muss schon älter sein.

»How are you?«, fragte er, und ich wollte höflicherweise antworten, doch dann sagte er auch schon:

»Du musst loslassen.«

Was musste ich? Meinte er tatsächlich meine Freundinnen, diese Reise mit ihnen?

»Du musst diesen Mann endlich loslassen. Er tut dir nicht gut.«

Da war dieser Moment. Der Moment, vor dem ich mich gefürchtet hatte. Ein Fremder, der etwas so Privates über mich wusste. Wie konnte er das wissen? Sendete ich verzweifelte Signale? Ich starrte den Mann sprachlos an und musste zugeben, dass ich auf eine Art und Weise wirklich an der Affäre festhielt. Ich kämpfte mit mir selbst und war mir gar nicht mehr so sicher, ob ich nicht doch auf seine Nachricht antworten sollte, ob ich nicht doch nach meiner Ankunft in Deutschland wieder zu ihm gehen sollte. Meine Kehle wurde ganz trocken, gut, dass ich das Wasser in der Hand hielt. Aber ich kam nicht zum Trinken. Es brach aus mir heraus und der Schamane, so nannte ich ihn bei mir, schien so überfordert wie ich, damit überfordert, was er ausgelöst hatte.

»Calm down«, sagte er beruhigend.

»Calm down, german girl.« Das war auch komisch, hörte er an meinem Englisch, dass ich aus Deutschland kam? Dann wiederholte er noch einmal seine Worte, dass der Mann nicht gut für mich sei. Ich wusste das ja, das hatte ich selbst herausgefunden, warum klammerte ich mich aber an die Hoffnung, an diese Liebe, an die Vorstellung von dieser Liebe?

»Du kannst nicht leben, wenn du nicht loslassen kannst. Du kannst deine Reise nicht fortsetzen, wenn du an etwas festhältst«, fuhr der Schamane fort. Ich schaute ihm in die dunklen Augen und er erklärte, dass ich die Reise erst genießen könne, wenn ich den Mann ziehen lassen würde.

»Dann kannst du ganz bei dir selbst ankommen.«

Ich war weiterhin sprachlos, aber auch entschlossener als je zuvor. Ich hatte schon die ersten Schritte getan, um loszulassen, um bei mir anzukommen. Nur ging das nicht so von heute auf morgen, weil ich Gefühle hatte und mich auch manipulierte, indem ich nicht wahrhaben wollte, dass Menschen sich nur änderten, wenn sie es selbst wollten. Dann kamen auch schon im richtigen Augenblick Jessi und Laura angelaufen. Sie waren ausgelassen, freuten sich auf ein Essen in einer der Shoppingmalls. Auf einmal bemerkten sie meine Verwirrtheit.

»Was ist passiert?«, fragten sie und ich zeigte auf den Schamanen.

»Er hat mich einfach angehalten und …«, erzählte ich, aber der Fremde unterbrach mich und ging zu Jessi. Er schaute auf ihr rechtes Ohr. Als wäre das alles hier nicht merkwürdig genug.

»Setz dich hin, du hast da was«, sagte der Mann.

Jessi hielt die Hände wie zum Schutz vor die Brust und entfernte sich einige Schritte, doch den Schamanen irritierte das nicht, er hatte das Ohr noch im Blick.

»Ich kann es nicht sehen, nicht entfernen, aber da ist etwas.« Er bewegte seine Hände aus einem Meter Entfernung auf und ab, wir wussten nicht, was das sollte. Jessi schaute ungläubig, aber als er weitersprach, entgleisten ihre Gesichtszüge völlig.

»Du wirst dich von deinem Freund trennen.«

Das reichte jetzt. Das war Unsinn. Jessi war schon seit Ewigkeiten mit ihrem Freund zusammen, zwischen die beiden passte kein Blatt. Sie waren glücklich.

»Kommt. Lasst uns gehen«, sagte Laura.

Und wir gingen.

Eine Woche später musste Jessi ins Krankenhaus. Ich musste mich festhalten, als ich hörte, was sie hatte.

Einen Abszess im Innenohr. Am rechten Ohr. Ich bekam eine Gänsehaut, genauso als ich später erfuhr, dass Jessi und ihr Freund sich am Ende der Reise getrennt hatten. Ab diesem Zeitpunkt glaubte ich, dass Kaffeesatzleser, Wahrsager, Heiler und Schamanen nicht nur Betrüger und Lügner sind, die einfach mit Allgemeinphrasen um sich werfen, die fast jeder Mensch auf sich beziehen kann: Du wirst Glück haben. Du wirst jemanden verlieren.

Ich öffnete mich seit dieser Begegnung mit dem Fremden für die Spiritualität, obwohl ich schon früher spirituellen und auch esoterischen Themen nicht abgeneigt war. Wie viele andere las ich Horoskope, erkannte mich auch in meinem eigenen Sternzeichen wieder: launisch, aber auch sehr harmoniebedürftig, weshalb die Waage versucht, es allen recht zu machen, gerne gestylt, optimistisch und sehr kreativ. Außerdem war ich, seit ich denken kann, von der Zahl 7 eingenommen. Das ist meine Lieblingszahl, meine Schicksalszahl. Mein Geburtstag ist am 7. Oktober, ich bin in einem Haus mit der Hausnummer 7 groß geworden und im Flugzeug versuche ich immer einen Platz mit der Zahl 7 zu ergattern. Die Sieben gibt mir ein gutes und sicheres Gefühl. Und deshalb habe ich mir die Zahl auch auf das linke Handgelenk tätowieren lassen.

Spiritualität bedeutet für mich ein Leben in Einklang mit der Welt und mit sich selbst. Eine Verbindung zu seinem Herzen zu haben und, ja, vielleicht auch bisschen die Faszination zuzulassen für Dinge, die man sich nicht erklären kann. Vor der Begegnung mit dem Schamanen hatte ich sie nicht groß beachtet, weil die Vorhersagen nie in Erfüllung gegangen waren. Meine Mutter hatte sich früher die Karten legen lassen und hin und wieder selbst welche gelegt. Als ich noch klein war, hatte ihr eine Kartenlegerin prophezeit, dass ihre erstgeborene Tochter einmal in der Öffentlichkeit stehen würde. Ja, genau, ICH, in der Öffentlichkeit. Als ich später wirklich Bekanntheit erlangte und auch noch die siebte Bachelorette wurde, dachte ich: Ja, es gibt wohl mehr zwischen Himmel und Erde, als ich glaube.

Ein Nein ist ein
Ja zu sich selbst

Hier, auf der Erde, stand zwei Tage später die lange Zugreise nach Chiang Mai an. Dort würden wir die Dschungeltour machen, von der ich immer noch nicht überzeugt war, aber es fiel mir so schwer, Nein zu sagen. Das ist nicht nur bei mir so, wir Menschen haben uns laut dem US-amerikanischen Anthropologen und Autor William Ury, der *Nein sagen und trotzdem erfolgreich verhandeln* schrieb, drei Verhaltensweisen angewöhnt, wenn wir eine Antwort geben sollen: Anpassen, Angreifen und Ausweichen.

Häufig antworten wir mit »Ja«, wenn wir die Beziehung zum Fragesteller nicht aufs Spiel setzen wollen. Wir passen uns also an, weil wir den anderen nicht enttäuschen wollen. Das machte ich hier gerade. Das Gegenteil ist der Angriff, wir sind genervt, überlastet oder geradezu wütend und reagieren mit einem »Nein«, aber das ziemlich unangemessen. Bei der letzten Strategie versuchen wir einen Konflikt zu vermeiden beziehungsweise die Antwort hinauszuzögern.

Dabei werden wir mit all diesen Strategien nicht glücklich. Wenn wir Ja sagen, obwohl wir nicht wirklich Ja sagen wollen, sagen wir eigentlich Nein zu uns selbst. Wir opfern unsere Zeit, unsere Laune, und darunter leidet unser Selbstwert. Denn jemand anders ist wichtiger als man selbst. Wenn wir jedoch nicht respektvoll mit einem Nein antworten, weil wir unsere Gefühle nicht kontrollieren können, riskieren wir damit erst recht die Beziehung zu anderen Menschen. Besser ist es, sich zu erklären. Zum

Beispiel: »Ich fühle mich nicht wohl in überfüllten Bierzelten«, »Es tut mir leid, aber das wird mir zu viel.« Aber man muss sich auch klarmachen, dass man selbst ohne Rechtfertigung ablehnen darf.

Nein ist ein ganzer Satz.

Und wenn wir Jein sagen, wird die Entscheidung nur aufgeschoben. Denn entscheiden müssen wir uns früher oder später trotzdem. Ich hatte aber der Dschungeltour schon zugestimmt und so trottete ich lustlos dem Guide und meinen Freundinnen hinterher. Für diese fünf- bis sechsstündige Strecke musste man körperlich in Höchstform sein, das sagte der Guide durchgehend. Dann sah er mich an und meinte:

»But you, Melissa, you don't look fit.«

Wie sollte ich auch fit sein, wenn es noch in aller Früh war und ich Angst haben musste, dass eine Riesenregenwaldspinne mich angreifen würde. Neben der Ärztephobie kam auch eine Spinnenphobie dazu, aber ich hatte dieses Mal keine Lust, mich mit ihr zu konfrontieren.

»Are you okay?«, fragte er weiter, und ich nickte kurz, aber dann fragte er das immer und immer wieder.

»Are you okay, are you okay, are you okay?«, hallten die Worte in meinem Ohr.

»Nein! Gar nichts ist okay«, schrie ich plötzlich.

»Ich will nicht hier sein, ich will auch nicht mit euch hier sein!«, schob ich hinterher.

Laura und Jessi schauten mich irritiert an. Meine Knochen fühlten sich ganz weich an und ich setzte mich auf einen Felsblock. Ich erklärte, dass ich im Moment einfach meine Ruhe haben möchte und dass ich ab jetzt alleine weiterreisen würde.

»Du möchtest nicht mit uns reisen?«, wiederholten sie, wahrscheinlich um zu verstehen, was gerade vor sich ging.

»Nein«, sagte ich, immer noch ziemlich laut. Das war wohl die Strategie des Angriffs, und dass ich damit irgendwie auch unsere Freundschaft angegriffen, sie in diesem Augenblick sogar ganz infrage gestellt hatte, das tat mir später leid.

»Was soll denn das? Du kannst nicht alleine weiter. Das ist gefährlich«, sagten sie.

Sie sagten mir also, was ich konnte und was nicht, sie sagten, es sei gefährlich, aber schleppten mich zu den Taranteln. Sie verhielten sich wie meine Mutter. Das machte mich noch wütender und so stellte ich mich vor sie, der Guide verstand kein Wort, und sagte: »Ich möchte jetzt sofort ins Hotel zurück.« Laura und Jessi winkten ab, doch der Guide fuhr mich eineinhalb Stunden zurück in die Stadt. Ich holte meine Sachen und checkte in ein Hostel ein.

Wie das Schicksal so spielt, erwartete mich dort in der Dusche eine Spinne. Eine fette Spinne. Das kann nicht wahr sein, dachte ich und erstarrte augenblicklich. Wie es aussah, musste ich mich meiner Angst vor Spinnen eben doch stellen. Ich musste duschen. Dann dachte ich: Ich habe Nein sagen können, jetzt werde ich auch mit dieser Spinne fertig. Ich beschloss, nicht zu übertreiben. Ich müsste sie nicht anfassen oder mit dem Staubsauger einsammeln, um mutig zu sein, ich würde einfach den Hostel-Besitzer holen.

»Da ist eine Spinne«, sagte ich zu ihm an der Rezeption.

»Ja? Das kann passieren«, meinte er gelassen, aber als er meine Schweißperlen auf der Stirn sah, folgte er mir.

Ich zeigte auf die Dusche, aus der sehr leise, aber komische Geräusche kamen. Bildete nur ich mir das ein? Ich sagte:

»Hier quietscht die Spinne.«

»Hier kämpft die Spinne.«

»Was?«

»Das ist nur eine, die eine andere frisst.«

»Ja, dann«, sagte ich und war glücklich, als er sie aus dem Bad scheuchte. Trotz allem schlief ich an dem Abend in dem Hostel. Obwohl ich bei jedem Geräusch aufschreckte.

Ich flog von Chiang Mai nach Surat Thani, allein. Und weiter ging es mit der Fähre auf die Insel Ko Tao. Dort angekommen, stellte ich mein Gepäck im Hostel ab, das ich ohne Probleme im Voraus über mein Smartphone gebucht hatte, und lief gleich los. Ich hatte mich die ganze Zeit darauf gefreut: auf das Meer. Ich lief durch einen dichten Palmenwald und als die Palmen sich dem Ufer zuneigten, sah ich es. Das Wasser strahlte türkisfarben und schäumte weiß auf, als es den Sand erreichte. Fast weißer Sand. Ich nahm eine Handvoll und ließ ihn durch meine Finger rieseln. So hatte ich mir das vorgestellt, als ich in Eiseskälte auf dem Weg zum Büro Deep House gehört hatte. Und nun war ich tatsächlich hier und es war noch schöner als in meiner Vorstellung. Ich ging am Strand entlang, konnte mein Glück kaum fassen, so schön war es. Ein Hund kam plötzlich angerannt und noch einer und noch einer. Ich lief weiter, aber sie begleiteten mich, als würden sie zu mir gehören, als würden sie mich beschützen. Für Straßenhunde sahen sie glücklich und gesund aus. Der eine war ein brauner Mischling, der andere hatte ein schneeweißes Fell mit Flecken wie bei einem Latte macchiato.

Ich ging ins Wasser, und wie sollte es anders sein, sie schwammen mir hinterher, bildeten einen Kreis um mich. Ich lachte und sie hielten den Kopf aus dem Wasser, den Blick auf mich gerichtet. Dann ruhten wir uns am Strand aus und meine Augen wurden etwas feucht. Es war ein friedlicher Moment, ja, ich weine auch in solchen Momenten. Aber ein bisschen machte mich dieser Augenblick auch traurig, weil ich ihn mit niemandem teilen konnte. Ich bin eben ein Mensch, der viele und enge Freunde hat und auf der Suche nach der Liebe war.

Am nächsten Morgen lernte ich beim Frühstück eine Frau kennen, sie war etwa in meinem Alter. Ich trank meinen Kaffee, aß ein Croissant und wir redeten und lachten. Da fragte sie:

»Heute gehe ich schon weiter. Wie wäre es, wenn du mitkommst? Das wäre echt schön.«

Ich dachte an den gestrigen Tag, an den Moment, als ich mich nach jemandem gesehnt hatte. Fast hätte ich meine Sachen gepackt und mich ihr angeschlossen. Doch dann sagte ich ohne Angriff: »Nein.«

Ich bedankte mich für ihr Angebot und wusste, dass das die richtige Entscheidung war. Ich war auf der Suche nach Liebe, auf der Suche nach mir, aber ich erkannte, dass ich nicht ständig suchen müsste, dass ich mir jetzt schon die Liebe geben könnte. Indem ich tat, was ich fühlte, was mein Herz mir sagte. Indem ich tat, was ich mir wünschte und vorgenommen hatte, und das war, im Tierheim auszuhelfen. Ich hatte endlich Ja zu mir selbst gesagt. Etwas mit Tieren zu machen war schon immer mein Herzenswunsch. Schon in meiner Kindheit und Jugend wollte ich nichts anderes, als sie zu schützen. Möglicherweise hängt das auch mit einer bestimmten Situation zusammen. Meine Familie hatte früher

Pferde gehabt. Mein Lieblingspferd Balbie sollte geschlachtet werden, aber meine Mutter, von der ich die Tierliebe habe, und ich protestierten natürlich, und letztendlich konnten wir das Pferd aber an eine Frau verkaufen. Dort durfte ich Balbie weiterhin sehen, sogar mehr als das. Ich ritt es von einem Kutschpferd zu einem Dressurpferd ein. Pferde und Hunde sind treue und aufrichtige Seelen. Selbst wenn sie uns verletzten, dann nicht aus Bösartigkeit, sie handeln nach ihrer Natur. Ich kümmere mich gerne um sie, das tut auch mir gut. Nicht umsonst werden Tiere in Therapien eingesetzt.

Das Ziel, in Thailand in einem Tierheim zu arbeiten, hatte ich mir schon in Deutschland gesetzt. Sie benötigten dort immer Hilfe, wie in allen Tierheimen. Es gibt dort 7,3 Millionen Hunde und die meisten leben nicht in Haushalten, sondern auf der Straße. Allein in Bangkok sind es 140 000 Straßenhunde, und die führen nicht immer so ein schönes Leben wie die Vierbeiner, die mich am Strand begleitet haben.

Im Tierheim erfuhr ich das Schicksal vieler Hunde. Einer wurde an den Füßen verbunden aufgefunden, ein anderer angeschossen, ein dritter von einem anderen Hund gebissen. Ich musste an Djego denken, der wie ein Prinz gehütet wurde, auch zu Hause bei meinen Eltern, sie hatten ihn schließlich doch aufgenommen. Natürlich. In den nächsten Tagen kümmerte ich mich um die Hunde, die es nicht so gut hatten wie er. Ich sah zu, wie sie kostenlos behandelt und geimpft wurden, ich durfte ihnen ihre täglichen Medikamente geben und sie füttern. Zwanzig Kilogramm Fleisch in Eimern verteilte ich auf dem Hof und bestimmt zehn Hunde kamen angelaufen. Manchmal fütterte ich sie direkt und auch anderes durfte nicht zu kurz kommen: Streicheln und Spielen. Eine solche Erfahrung hatte ich mir fast entgehen lassen, weil ich mich gefragt hatte, ob ich wirklich allein sein konnte.

Jetzt kannst du dir überlegen, wann ein Nein ein Ja zu dir sein kann. Dann kannst du beim nächsten Mal leichter für dich einstehen. Als Hilfestellung kannst du daran denken, wann du zuletzt gerne etwas abgelehnt hättest, aber es nicht konntest. Hast du wieder einmal die Arbeit einer Kollegin übernommen? Hast du auf das Einreden deiner engsten Bezugspersonen mit »Ja, ich schau mal, wie ich das mache« geantwortet, wenn es um Themen ging, bei denen ihr unterschiedlicher Meinung seid, zum Beispiel einem Umzug oder Kinder? Statt zu sagen: »Nein, ich will nichts mehr darüber hören. Ich habe meine Meinung dazu.« Was tut dir nicht gut? Und davon leitest du deine Verneinungen ab. Zum Beispiel:

Ich sage Nein zu dem Job, der mir nicht gefällt, und Ja zu einem neuen Job.

Ich sage heute Nein zur Party, aber Ja zu einem schönen Buch.

Ich sage öfter Nein zu Zucker, aber Ja zu meiner Gesundheit.

Für mich fühlte sich mein Ja wie ein Ja zum Leben an, ein Ja zur großen weiten Welt. Auf einmal war ich wacher und noch mutiger, wie mir die nächste Situation zeigen sollte.

Jede Begegnung lehrt dich etwas

Ich flog weiter auf die zweitgrößte thailändische Insel, Ko Samui, und dort kamen mir schon wieder Hunde entgegen. Da ich in Thailand nur gute Erfahrung mit Straßenhunden gemacht hatte, streckte ich meine Hand aus und streichelte einen von ihnen.

»Ja, das ist schön«, sprach ich mit dem einen Hund, als ein anderer anfing zu knurren. Ich hatte kaum Zeit, mich umzudrehen, da schnappte er schon zu. Ich konnte gerade noch meine Hand wegreißen. Ich wusste, dass ich mich ruhig verhalten musste, dass ich eigentlich nicht rennen durfte, doch der Hund schien sich nicht zu beruhigen. Ich sah sein Zahnfleisch, die spitzen Schneidezähne, und als er sich mir näherte, lief ich langsam rückwärts, doch er knurrte nur noch heftiger. Also drehte ich mich um und rannte. Ich rannte, so schnell ich konnte, meine Füße hatten kaum mehr Bodenkontakt, ich fühlte mich fast, als würde ich fliegen. Doch dann entdeckte ich einen Zaun und ich riskierte einen Blick hinter mich. Jetzt war es nicht nur ein Hund, der mir folgte, sondern es waren gleich mehrere. Ich muss das schaffen, sagte ich mir. Ich griff mit einer Hand einen Holzpfahl und sprang über den Zaun. Die Hunde bellten, ich fing an zu lachen. So schnell war ich noch nie in meinem Leben gerannt. Noch nie. Und so mutig kannte ich mich auch noch nicht. Ich setzte mich auf den Gehweg und atmete erst einmal tief durch, ich spürte die Hitze in den Wangen und dann klingelte das Telefon. Ich schaute auf das Display. Laura. Auch noch ein Videocall. Soll ich, soll ich nicht? Wir hatten uns fast einen Monat nicht gehört und ich fühlte mich schuldig, dabei habe ich später etwas aus dieser Situation und meiner Reise gelernt.

Wenn man eine Entscheidung getroffen hat, dann muss man zu ihr stehen. Und wenn es die falsche war, dann ist das eben so, man hat sie in dem Moment nicht ohne Grund getroffen.

Aber hier war es die richtige Entscheidung gewesen, nur falsch kommuniziert. Also klickte ich auf den grünen Hörer, aber ich war zu spät. Ich rief zurück und wir tauschten einige Floskeln aus, dann fragte sie mich, wo ich sei. Ich zögerte die Antwort hinaus, sagte schließlich:

»Auf Ko Samui, und ihr?«

Weder wusste ich, wo sie waren, noch konnten sie wissen, wo ich mich aufhielt, denn ich hatte darauf geachtet, die Orte auf Instagram nicht zu verlinken. Ich wollte nicht gefunden werden, vielleicht aus Furcht, einzuknicken und nicht mehr mein Ding machen zu können.

»Auf dem Weg dahin«, antwortete Laura.

Das gibt es doch nicht, dachte ich. Vielleicht war das ein Zeichen. Sie wollten gerne auf die Full-Moon-Party gehen. Sie findet immer statt, wenn Vollmond ist. Bis 60 000 Menschen tanzen dann im Mondschein.

»Wir könnten zusammen hingehen und uns auch ein bisschen unterhalten«, fügte Laura hinzu.

»Ja, lass uns das machen«, sagte ich. Sie waren ja immer noch meine Freundinnen und jetzt fühlte ich mich stark, jedenfalls stärker als zuvor. Aber trotzdem wollte ich nicht so gerne alleine auf die Party gehen und ich fragte einige, die ich im Hostel kennengelernt hatte, ob sie mich begleiten würden.

Am Strand blinkten bunte Lichter, viele hatten sich geschminkt und mit Neonfarben angemalt, die im Schwarzlicht leuchteten. An den Ständen wurden würziges Essen und Obst verkauft. Ich sah Laura und Jessi auf mich und die anderen zulaufen. Am Anfang waren wir ein bisschen zurückhaltend, wie sollen wir uns verhalten? Es war komisch, etwas unterkühlt, oder interpretierte ich da zu viel hinein? Ich denke, wir machen uns das Leben manchmal selbst schwer. Das legte sich dann aber schnell, wir taten einfach so, als wäre nichts passiert. Und das war gut so, wir sollten den Abend genießen, wir würden uns schon im richtigen Moment aussprechen. Jetzt würden wir Spaß haben. Wenig später entdeckte ich ein kleines Zelt, auf dem »Fortune telling« stand.

»Wollt ihr auch?«, fragte ich die anderen.

»Bist du dir denn sicher, nach der ganzen Sache mit dem Schamanen?«, fragte Jessi.

Ich nickte, ging hinein und setzte mich auf den kleinen Hocker. Mir war mulmig zumute, doch der Mann, der Wahrsager, lächelte und fing sogleich an. Er legte eine Karte, zog noch eine und ich bewunderte die schönen filigranen Zeichnungen, die Sterne und den Mond darauf.

»Du wirst Probleme mit deinem Bauch bekommen, wenn du nicht aufpasst«, sagte er schließlich.

Ich schwieg, ich hatte eigentlich eine strahlende Zukunft erwartet.

Als wir weiterzogen, vergaß ich das Gehörte schnell wieder und tanzte bis spät in die Nacht. Der Vollmond hing hoch, die Hände gingen hoch und ich sprang im Rhythmus.

Mein nächstes Ziel war Singapur, südlich vor Malaysia, aber ich wollte hier nicht viel Zeit verbringen, ich wollte es einfach nur gesehen haben. Denn so wie der tiefste Dschungel nichts für mich ist, so ist die Großstadt nicht meins. Es sind einfach zu viele Leute dort. Ich war nun eine von fast fünfzehn Millionen Touristen jährlich, die durch Singapur streiften. Ich buchte wie die meisten von ihnen eine Stadtrundfahrt, hüpfte von einer Sehenswürdigkeit zur nächsten, aber das inspirierte mich nicht, auch wenn der Stadtstaat schon interessant ist. Riesige Hochhäuser, avantgardistische Architektur, alles etwas teurer. Die Lebenshaltungskosten sollen sehr hoch sein und ich konnte mir das vorstellen, wenn ich für das billigste Hostel 40 Euro die Nacht ausgeben musste.

Dann zog es mich weiter nach Indonesien. Dort waren ebenfalls viele Menschen, sehr viele Menschen. Genauer gesagt hat die Republik 270 Millionen Einwohner. Ich wollte eigentlich nach Sulawesi fliegen, die Insel liegt zwischen Borneo und Neuguinea, doch mich erreichte die Nachricht, dass es dort ein Erdbeben und einen Tsunami gegeben hatte, bei dem über 4000 Menschen gestorben waren. Das ist einfach furchtbar, dachte ich, als ich weiter in die Hauptstadt flog.

In Jakarta war es sehr chaotisch, und das sorgte für Chaos in mir. Der Verkehr war extrem, die Straßen riesig, eine U-Bahn gab es nicht, dafür viele Taxis. Ich hielt wie alle nach einem Bus Ausschau und als einer angerollt kam, konnte ich immerhin lesen, dass dieser in die Richtung fuhr, in die ich wollte. Die Menschen strömten hinein und bevor der Bus wieder losfuhr, musste ich wie so oft auf der Reise meinen Mut zusammennehmen und dem Fahrer erklären, dass ich ein Ticket kaufen wolle. Überraschenderweise fiel es mir gar nicht mehr so schwer, es war ein Reflex, zu glauben, dass ich Mut dafür bräuchte. Es kam mir vor, als wäre Mut wie ein Muskel, den man trainieren konnte. Je öfter man ihn benutzte, umso mehr konnte man mit dem Muskel stemmen. Und ich meisterte das immer besser. Ich wusste inzwischen, dass ich ganz gut alleine sein konnte, aber früher hatte ich immer Freunde gehabt, die mir den Rücken stärkten, für mich eine Laugenstange kauften. Das sollte jetzt mal die Bäckerin im Ländle sehen – wie ich nach Tickets fragte und nicht einmal zu Boden sah. Das war ein weiter Weg gewesen, weiter als der von Deutschland nach Asien. Leider half das alles nichts, der Busfahrer ließ mich abblitzen. Im bruchstückhaften Englisch gab er mir zu verstehen, dass er mich nicht mitnehmen würde. Ich schaute mich um und sah die Menschen kuscheln, unfreiwillig.

»Okay«, murmelte ich, fluchte aber trotzdem vor mich hin. Aber sich zu ärgern, würde auch nichts bringen. Als Backpackerin lernt man vor allem, flexibel und auch gelassen zu bleiben. Eine Lektion fürs Leben. Also lief ich mit meinem riesigen Rucksack auf den Schultern in irgendeine Richtung. Ein Roller blieb neben mir stehen. Auf ihm saß ein Mann, der meinte, dass ich ein bisschen verloren aussähe.

»Kann ich dich mitnehmen?«, fragte er. Er war mir sympathisch, sehr freundlich, außerdem sagte er, ich würde ihn an seine Tochter erinnern. Ich weiß nicht, wie ich es erklären soll, aber es kam mir nicht wie eine Masche vor, ich spürte das, und so stieg ich auf den Roller auf. Ja, das war verrückt und auch etwas naiv, aber es sollte schlimmer kommen. Dieses Mal kam ich gut im Hostel an. Dort legte ich mich auf das Bett und ruhte mich aus von der hektischen und lauten Stadt. Dann überfiel mich das Heimweh und ich rief meine Mutter an. Das letzte Mal hatte ich mit ihr gesprochen, als ich mich von den Mädels trennte und alleine weiterreiste. Ihre Reaktion war keine Überraschung gewesen, sie wollte, dass ich sofort zurück nach Deutschland komme. Aber ich dachte nicht eine Sekunde darüber nach, ihrem Wunsch zu folgen. Jetzt war mein Wunsch an der Reihe und meine Mutter verstand allmählich, dass ich meinen eigenen Kopf hatte. Wir unterhielten uns nun ohne irgendwelche Forderungen, völlig frei, jetzt war ich doch tatsächlich schon einen Monat in Südostasien, es war Ende September, und ich erzählte ihr, was ich alles gemacht hatte. Und so erzählte ich ihr auch, was gerade eben passiert war. Ich schickte ihr sogar ein Foto von dem Mann auf seinem Roller. Stille. Sie war geschockt und sagte am Ende:

»Mach das nie wieder! Pass bitte auf dich auf.«

Als wir auflegten, ging ich in die Stadt, um mir eine SIM-Karte mit einem höheren Datenvolumen zu kaufen. Auf der Straße sprach mich wieder ein Mann an, ich musste abermals verwirrt ausgesehen haben, denn auch er fragte, ob er helfen könne. Ich sagte, dass ich auf der Suche nach einer SIM-Karte wäre. Er meinte, er wisse, wo es die gäbe, er könnte mich hinfahren. Er machte eine Kopfbewegung in Richtung seines Motorrads und fügte hinzu: »Steig auf.« Dieses Mal gab mir meine Intuition zu verstehen, dass ich das lieber nicht tun sollte. Die gegelten Haare, dieser Blick, das war anders als bei dem väterlichen Typ auf dem Roller. Es konnte aber am Gespräch mit meiner Mutter gelegen haben, vielleicht wollte ich unterbewusst etwas beweisen: Doch, das mache ich noch einmal! Oder es lag wirklich nur daran, dass ich die SIM-Karte endlich haben wollte. Vorhin war ja auch alles gut gelaufen und so stieg ich auf.

Er setzte mich wirklich in einem Laden für Handybedarf ab und ich steckte den Chip in mein Telefon.

»Komm, ich zeig dir noch die Stadt«, sagte der Mann dann, und weil er ja getan hatte, was er versprochen hatte, ließ ich mich noch durch die Stadt fahren. Das Motorrad legte sich in die Kurven und immer wieder hielten wir an, um uns ein Gebäude oder einen Platz anzusehen. Dafür wollte ich mich gerne revanchieren und ihn zum Essen einladen und dann saßen wir auch schon in einer Garküche. Er erzählte mir, dass Indonesien eines der katastrophenreichsten Länder der Welt wäre. Er hielt mir sein Handy hin. Ich schaute darauf und sah eine Menge Pistolen und Macheten.

»That's all mine«, sagte er und ich dachte: Zeig mir dein Haus, dein Boot, aber doch nicht deine Waffensammlung.

Ich bekam es mit der Angst zu tun. Ich wollte ihn nicht verärgern, machte aber deutlich, dass ich jetzt zurück ins Hostel müsste. Doch dieses lag am anderen Ende der Stadt und so bot er mir nochmals an, mich zu fahren. Auf dem Motorrad starb ich hundert Tode, worauf hatte ich mich nur eingelassen? Als wir vor dem Hostel hielten, atmete ich tief durch und als ich absteigen wollte, sagte er: »Stopp.« Er drehte sich zu mir um und meinte: »Ich will, dass du mich zum Abschied küsst.« Er drückte jeden seiner Finger fest in meine Haut.

»Lass mich los«, schrie ich und glücklicherweise konnte er sich nicht weiter mit dem Oberkörper drehen und ich konnte entkommen. Ich rannte erneut so schnell ich konnte.

Zitternd lag ich dann im Bett und hätte gerne meine Mutter angerufen, ihr gestanden, wie recht sie doch hätte, wie recht meine Freundinnen hätten. Alleine war es viel zu gefährlich für mich. Aber würde ich jetzt aufgeben? Einen Rückzieher machen? Nein, ich erkannte, dass jede Begegnung mir etwas beibrachte. Vor allem über mich selbst. Und diese brachte mir bei, dass ich trotz aller Offenheit und Risikofreude besser auf mich aufpassen müsse. Außerdem: dass mein Herz, mein Bauchgefühl, meine Intuition mich schon gewarnt hatten, ich hätte nur darauf hören müssen.

Es ist beruhigend zu wissen, dass selbst die dunkleren Momente oder Personen in unserem Leben irgendeinen Sinn haben. Ich mag den Spruch: »Some people will test you, some will use you, some will bring out the best in you; but everyone will teach you something about yourself.« Du kannst selbst einmal über eine negative und an eine positive Begegnung mit einer anderen Person nachdenken. Was hast du daraus gelernt? Kann es im Nachhinein sogar sein, dass alles seinen richtigen Gang genommen hat?

Bali und die Achtsamkeit

Auf Bali fühlte ich mich so wohl wie nirgendwo sonst in Asien und hier verstand ich auch den Ausdruck: »Energie tanken und Akkus vollladen«. Als wäre ich vorher fast leer gewesen und jetzt erfüllt. Deshalb blieb ich auch fast vier Wochen. Schon nach den ersten drei Tagen war ich entspannter. Es war aber auch zu traumhaft: kleine Städte und eine Landschaft, die zum Staunen gemacht ist. Mächtige Vulkane, sattes Grün, überall Reisterrassen. Diese gelten sogar als UNESCO-Welterbe und besonders in der Umgebung von Ubud, wo ich lange war, wurden sie ihrem Namen gerecht: »die Himmelstreppen zu den Göttern«. Und als Jessi und Laura sich nochmals meldeten und fragten, ob ich Lust hätte, meinen Geburtstag mit ihnen zu feiern, sagte ich Ja. Wir checkten in einer Lodge ein, die von ebenjenen Reisfeldern umgeben war – eine der schönsten Unterkünfte bislang. Ein komplettes Haus für uns, inklusive Pool, stilvolle Zimmer und im halb offenen Wohnzimmer Lounge-Möbel, auf denen man einfach nur abhängen konnte. Wenn da nicht der Hunger gewesen wäre. So fuhren wir am Abend in ein Restaurant – zu dritt auf einem gemieteten Roller. Ich hatte auch schon eine komplette Familie auf einem Roller gesehen. Und so rutschten wir auf, umarmten uns und ließen uns den Fahrtwind ins Gesicht blasen. Wir fühlten uns wie die Freundinnen, die wir ja auch waren.

Am nächsten Morgen ging ich alleine auf den Balkon hinaus und genoss die Aussicht. Dann wanderte mein Blick auf die Terrasse und dann auf die riesige Erdbeertorte, auf der »HAPPY BIRTHDAY, MELISSA!« und die Zahl 23 stand. Was für Freundinnen ich doch hatte.

Das zeigte mir, dass echte Freunde verstehen, wenn man auch einmal Nein sagt.

Jetzt konnten wir auch besser damit umgehen, dass wir unterschiedliche Pläne gemacht hatten, und trennten uns deshalb nach meinem Geburtstag ohne Drama, aber mit einer festen Umarmung. Jessi kümmerte sich weiter um ihr Naturschutzprojekt, Laura surfte und ich meldete mich zu einer Ayurveda-Kur an. Das war schon immer mein Traum gewesen. Ich würde meditieren, Yoga machen und meinen Körper besser kennenlernen. Ihm etwas Gutes tun und ebenso meinem Geist. Denn Ayurveda ist die eigentlich indische Heilkunst, die den Menschen in Balance bringen soll. Den Körper entgiften, die Seele läutern. Und vielleicht könnte man mir in dem Retreat beibringen, wie ich in Deutschland wieder durchschlafen konnte. Hier hatte ich damit keine Probleme.

Um 6:30 Uhr wurde ich geweckt. Was? Ich war zwei Stunden zu spät! Ich musste zur Arbeit! Nein, musste ich nicht. Das realisierte ich, als man mir einen Zitronentee reichte. Ich setzte mich auf, trank ohne Hektik den Tee und schaute mich um. An der Wand hinter dem Bett war ein filigraner Baum auf Holz gemalt, aus dem Vögel davonflogen. Man fühlte sich bereits hier drinnen mit der Natur verbunden. Vollholz, Stein, ein grüner Bettüberwurf. Ich schlüpfte in den bereitgelegten Kimono und in die Hausschuhe. Als ich durch die große Tür hinausschritt, stand ich direkt in einem Hof mit Pflanzen und angrenzendem Pool.

Womit habe ich das verdient?, fragte ich mich. Aber das ist eine Frage, die so nicht stimmt. Hast du sie dir auch schon einmal gestellt? Viele Menschen glauben, etwas nicht verdient zu haben, sie fühlen sich wie Hochstapler, wenn sie etwas erreicht haben, oder sie gönnen sich nichts. Nicht weil sie es nicht könnten, sondern weil sie denken, sie dürften sich nicht die Zeit nehmen, nicht auf etwas sparen, das sie sich wünschen. Was sagt ein solches Verhalten denn aus? Doch eigentlich, dass sie es sich selbst nicht wert sind. Aber ihr Partner, die Kinder, die Eltern sind es ihnen wert, für sie opfern sie sich auf. Selbstaufopferung, eine Tugend, die vielleicht gar keine ist. So gehen die Menschen irgendwann in Flammen auf – natürlich –, weil sie nichts dagegen tun, um das Feuer zu löschen. Dieses Bild zeigt auch, warum man von einem Burn-out spricht, man brennt aus, hat keine Energie und keine Lust mehr. Deshalb möchte ich allen an dieser Stelle ganz deutlich sagen:

Du bist es dir wert. Jetzt, in diesem Moment, hast du alles verdient, was du brauchst und dir wünschst.

In dem Retreat lernte ich Methoden, um einem Burn-out entgegenzuwirken oder ihn zu lindern. Ja, hier sollte ich gesünder, glücklich und gelassener werden. Es gab Massagen und Ölkuren, doch für die nächsten eineinhalb Stunden stand Yoga an. Dafür ging ich in den Pavillon mit dem Rattan-Dach. Er war zu allen Seiten offen, sodass man das Gefühl hatte, direkt im Garten zu stehen, mit all diesen tropischen Pflanzen.

Ich setzte mich im Schneidersitz auf den Boden und lernte verschiedene Stellungen, den Sonnengruß, den herabschauenden Hund, die Kobra. Dabei sollte ich auf das Fließen der Bewegungen achten und auf meinen Atem.

Ihm hatte ich noch nie so viel Aufmerksamkeit zukommen lassen. Wir atmen nun einmal automatisch, wir können nicht sagen: »Ich habe vergessen zu atmen.« Aber oft sagen wir: »Ich komme gar nicht zum Durchatmen.« Denn wenn wir gestresst sind, atmen wir nicht frei, sondern kurz, flach, also maximal bis in die Brust hinein. Wir sollten versuchen, in den Bauch zu atmen. Am besten tief über die Nase einatmen und etwas länger über den Mund ausatmen; doch nicht künstlich, man sollte trotzdem seinen Rhythmus finden und einhalten. Und dann klappt es auch mit der inneren Ruhe. Denn durch dieses richtige Atmen, aber ebenso durch Bewegung kommt Luft in unseren Körper – und wir brauchen diesen Sauerstoff. Er macht uns wacher und hilft bei Schlafstörungen, also meinem Problem. Außerdem stärken wir auf diese Weise unser Immunsystem und unsere Organe, das Herz, den Magen und den Darm.

Außer Yoga lernte ich meditieren, und das war anfangs gar nicht so leicht, man muss sich ganz darauf einlassen. Dabei achtet man auch auf den Atem, doch anders als beim Yoga fließen nicht die Bewegungen, sondern die Gedanken. Man nimmt sie bewusst wahr, verabschiedet sich von ihnen und grübelt dann nicht länger über sie. Sie dürfen letztendlich weiterfließen, von uns weg. Und das sorgte bei mir für einen Frieden im Inneren, den ich so selten erlebt hatte. Eine Stunde, vielleicht eineinhalb Stunden verharrte ich in einer Position, und es fühlte sich gar nicht nach Verharren an, obwohl ich eher ein aktiver Mensch bin. Ich schlief sogar kurz ein, so entspannt war ich. Ich erkannte, dass nicht nur andere Menschen ausgebrannt waren, unter Strom standen, auch ich hatte mir teilweise zu viel zugemutet. Natürlich, manchmal muss man Zeiten überstehen, in denen man etwas belastbarer sein muss – ich hatte drei Jobs gehabt und mir dadurch diese Reise finanziert. Aber hätte ich zwischen den drei Jobs viel öfter in mich hineingehört, mich einfach beobachtet, die Umgebung wahrgenommen, ohne alles zu beurteilen und kaputt zu denken, ich hätte diesen Frieden, die Freiheit des Geistes auch schon früher spüren können. Und mit doppelt so viel Kraft weitermachen können. Aber das weiß ich jetzt für die Zukunft. Und selbst wenn es sich paradox anhört, für die Zukunft weiß ich, dass es wichtig ist, im Hier und Jetzt zu leben.

Lebst du im Moment, grübelst du nicht mehr über die Vergangenheit nach. Und du lässt auch nicht die Gegenwart an dir vorbeiziehen, weil du dich sorgst und stresst. Und die Zukunft? Die kann kommen. Aber jetzt genießt du erst einmal, dass du bist. Im Hier und Jetzt.

Natürlich sind wir keine Mönche und nicht immer in diesem entspannten Zustand, aber wir können das üben. Die Konzentration auf den Moment. Nicht nur mit Yoga und Meditation, beide Techniken sind eigentlich Übungen eines größeren Konzepts, eines 2500 Jahre alten buddhistischen Gedankens: des Gedankens der Achtsamkeit. Achtsamkeit ist eine Form der Aufmerksamkeit. Egal ob du Mantras singst, Atemübungen machst oder im Alltag jedes Detail bewusst wahrnimmst und jeden Zubereitungsschritt deines Mittagessens verfolgst – all das ist Achtsamkeit. Und das ist tatsächlich der Schlüssel zu mehr Glück, Gesundheit und Gelassenheit. Das ist auch wissenschaftlich bewiesen worden. Wir stärken unser Immunsystem, können uns besser konzentrieren, haben weniger Angst und Stress.[9]

Ich konnte mir gar nicht mehr vorstellen, zurück nach Deutschland zu fliegen, wo alles so beschleunigt war, wo ich multitasken musste. Aber ich hoffte, auch dort mit mir achtsam umgehen zu können. Ich denke, das ist eine wichtige Säule der Selbstliebe.

Eines Tages saß ich am Pool, etwas melancholisch, und starrte ins Wasser. Da sprach mich ein Yogalehrer namens Joy Abdel an. Er hieß wirklich Joy, wie die Freude.

»Hallo, wer bist du?«, fragte er, und ich wunderte mich über seine Direktheit.

Wir kamen ins Gespräch und ich sagte, dass mir Bali unglaublich gut gefalle.

»Ich fühle mich so wohl hier, ich könnte hier leben. Mir kommt das alles entgegen – der Buddhismus, die Menschen, das Klima. Das gibt mir so viel«, sagte ich.

»Dann bleib«, sagte er so direkt, wie er mich angesprochen hatte. Fast musste ich lachen über diese Unbekümmertheit.

»Warum machst du es nicht einfach? Du kannst nicht verlieren, nur gewinnen. An Erfahrung zum Beispiel. Nach Deutschland kannst du auch später.«

Ich hörte ihm zu, sagte jedoch nichts und so fügte er noch hinzu:

»Egal, was du machen willst, mach's einfach.«

Ich wollte gar nicht für immer in Bali bleiben, das war eine Momentaufnahme, aber dieser Satz, ein einziger Satz veränderte vieles in mir. Mehr oder weniger hatte ich ihn schon praktiziert, als ich den Tumor hatte, als ich Angst hatte. Aber erst in diesem Augenblick manifestierte sich der Gedanke in mir und mir wurde bewusst, wie leicht alles sein könnte. Wenn wir endlich aufhören würden, alles zu verkomplizieren. Ja, was wäre, wenn ich wirklich alles, was ich möchte, einfach machen würde? Der Satz wurde zu meinem Leitmotiv, meinem Mantra. Mach es einfach.

Der Parasit oder das Ende einer toxischen Beziehung

Nachdem auf Bali alles so traumhaft gewesen war, fand ich mich in einem Albtraum wieder. Die lauten Geräusche der riesigen Motoren draußen auf dem Flugfeld und das leisere Durcheinandersprechen der Passagiere in meiner Nähe dröhnten in meinen Ohren. Ich griff nach meinen Rucksackträgern, um mich zu stabilisieren, aber ich konnte kaum laufen. Der graue Boden verschwamm vor meinen Augen, ich hätte mich hinsetzen müssen, doch ich stand mit Laura in der Schlange, damit sie ihr Übergepäck bezahlen konnte. Wir wollten noch weiter durch Indonesien reisen, bevor es auf die Philippinen ging, wieder ein wenig Zeit miteinander verbringen, Jessi würde nachkommen, weil sie noch mit ihrem Projekt beschäftigt war.

Geht das nicht schneller, dachte ich und spürte etwas in mir aufsteigen.

»Laura, mir ist schlecht«, sagte ich schnell und sprintete in Richtung Toilette. Ich musste würgen und schaffte es gerade noch, mich in die Kloschüssel zu übergeben. Wenigstens war mir danach nicht mehr so schlecht, aber ich fühlte mich noch schwächer als zuvor. In letzter Zeit hatte ich immer weniger gegessen, hatte Diarrhö, irgendetwas war mit meinem Magen los. Der Kartenleger hatte recht behalten, andererseits hat fast jeder Tourist in Asien früher oder später eine Magenverstimmung, da ihm einige Keime und Bakterien unbekannt sind.

Das wird schon nichts Schlimmes sein, beruhigte ich mich, obwohl meine Hüftknochen immer spitzer wurden, so viel hatte ich schon abgenommen. Ich setzte einen unsicheren Schritt vor den anderen – und dann fiel ich. Fast jedenfalls, ich konnte gerade so die Balance halten, als würde ich auf einem Seil laufen. *Wenn du nicht aufpasst, wird es schlimmer*, das hatte noch der Kartenleger gesagt. *Du kannst deine Reise nicht fortsetzen, wenn du an etwas festhältst* – nun fiel mir die Aussage des Schamanen ein. Wirklich, es war der reinste Albtraum. Immer wieder tauchten Bilder und Situationen auf, die ich nicht steuern konnte. Auch meine Affäre kam mir in den Sinn. Noch immer hielt ich an ihr fest und wenn ich nur daran dachte, verkrampfte sich mein Magen. Ständig hatte ich mich auf dieser Reise aufgeregt. Weniger über ihn als über mich. Wie konnte ich denn so blöd sein? Daran sieht man, was manche Menschen mit einem machen.

Manche Menschen greifen dein Selbstvertrauen an. Du weißt, dass sie nicht gut für dich sind, aber du machst weiter. Und dann fängst du an, dich zu hassen, obwohl es besser wäre, dich zu lieben, damit du dir die Kraft gibst, um loszulassen.

Du musst einfach nur loslassen. Ich wusste ja, was ich zu tun hatte. Lass es einfach, sagte ich zu mir selbst. Aber es ging nicht. Wenig später, nachdem Laura und ich noch einige Stopps eingelegt hatten, zum Beispiel eine Nacht unter freiem Himmel am Koka Beach in Ost-Nusa-Tenggara,, trafen wir auf Jessi. Mit der Zeit merkten sie, was los war. Vor allem meine Magenschmerzen hatte ich nicht verbergen können. Wie auch, wenn ich ständig auf der Suche nach einer Toilette war, wenn ich so weiß wurde wie die Sandstrände hier, wenn ich nichts mehr herunterbekam?

»Du musst zum Arzt«, sagten sie.

Diesmal konnte ich mich nicht mit meiner Ärztephobie

herausreden, das hatte bei den Schlafstörungen noch geklappt, aber das hier war ernster. Ich fühlte das. Als ich dieses Melanom hatte, hatte ich es auch geschafft, ich sprach mir gut zu.

»Geh durch die Angst«, sagte ich mir. Und so stand ich vor einer Klinik auf den Philippinen.

»Nein, nein, nein, ich kann da nicht rein«, rief ich in einem Anflug von Verzweiflung. Das war doch kein Krankenhaus, das war ein Totenhaus. Ich sah ein Baby auf dem Arm eines Mannes. Es war weiß, es bewegte sich nicht. Der Mann schaute es an, er hochrot und das Baby kreidebleich. Doch Laura und Jessi schoben mich mehr oder weniger in die Klinik. Später saß ich in einem Zimmer, an dessen Wänden der Putz bereits aufplatzte und zu Boden fiel. Die Geräte sahen aus wie aus Frankensteins Labor, alle aus Eisen, aber die Ärztin sah vertrauenswürdig aus. Saubere Hände und ein breites Lachen im Gesicht, das sich sofort verfinsterte, nachdem sie die Blut- und Stuhlprobe untersucht hatte.

»Sie haben Parasiten im Darm«, sagte sie. Ich starrte sie an, konnte mich nicht zwischen Schock und Ekel entscheiden.

»Gut, dass Sie gekommen sind. Es war allerhöchste Zeit. Das hätte Langzeitfolgen haben können. Sie hätten auch sterben können«, sagte sie. Jetzt überwog der Schock.

Sie verschrieb mir Antibiotika.

Im Hostel ruhte ich mich etwas aus, lag auf dem Bett und dachte über Parasiten nach. Lebewesen, die sich von einem anderen Lebewesen ernähren. Meine Affäre war nichts anderes. Er hatte mit seinen Nachrichten – es waren noch mehrere gefolgt – noch einmal in mich hineingebissen wie eine Zecke, hatte sich an mich geschmiegt wie ein Blutegel, sich um mich gewickelt und mich beinahe erdrückt wie ein Bandwurm. Schon in Deutschland hatte er sich von meiner Liebe genährt und mich ausgenutzt. Ich hatte ihm alles gegeben, was er haben wollte, und er hatte es genommen, bis ich kaum mehr etwas zu geben hatte. Er hatte mich ausgesaugt. Ich musste diesen Parasiten in meinem Herzen und die im Darm loswerden. Doch den letzten Anstoß dazu gab eine weitere Nachricht. Diesmal nicht von ihm. Eine frühere Freundin schrieb mir und ich fragte mich, ob sie mir eins auswischen wollte oder ob sie ehrlich besorgt war. Im Endeffekt war es nur gut, dass sie mir die Augen öffnete. Denn sie schrieb, dass sie meine Affäre in einem Club gesehen hatte. Mit einer anderen Frau.

Sie schrieb sogar den Namen der Frau und ich wusste nun mit aller Gewissheit, dass mein Bauchgefühl mich auch in diesem Fall nicht getäuscht hatte. Denn in Deutschland hatte ich schon so etwas vermutet.

»Hast du was mit ihr?«, fragte ich damals meine Affäre geradeheraus und er sagte, es würde mir gar nicht zustehen, eifersüchtig zu sein, wir hätten ja gar keine Beziehung. Aber dann wiegelte er ab und meinte, sie wäre nur eine Arbeitskollegin. Lügen, alles nur Lügen. Von wegen Kollegin. Von wegen, er würde auf mich warten. Ich konnte nicht einmal mehr weinen, ich hatte schon genug seinetwegen geweint. Ich spürte aber neue Energie in mir aufsteigen. Ich stellte mich gerade hin und sagte zu mir: »Weißt du was? Jetzt reicht es.«
FUCK OFF!
Und das war er, der Schlussstrich. Das war nur möglich durch diese Reise, denn auch wenn ich ihn immer wieder mal vermisste und mir eine Zukunft mit ihm ausmalte, so lernte ich auf den Philippinen, dass ich alleine sein konnte. Dass ich allein sogar stärker war als mit ihm zusammen.

Ich wuchs auf dieser Reise über mich hinaus. Ich hatte bislang all meine Flüge und Unterkünfte ohne fremde Hilfe gebucht, ich hatte es mir gut gehen lassen, mich durch das indonesische Hinterland gekämpft, wo ich nicht einmal mit Englisch weitergekommen war. Wahrscheinlich hatten mich dort die Parasiten befallen, aber wie auch immer: Ich hatte es geschafft, und ich würde auch alles andere schaffen. Das war schon einmal der erste Schritt, wie ich mich aus einer Beziehung lösen konnte, die mir nicht guttat: durch Selbstvertrauen oder Selbstliebe.

Ich selbst nicht, aber auch kein anderer darf mich schlecht behandeln.

Indirekt hatte ich mich schlecht behandelt, indem ich eine solche Beziehung zugelassen hatte. Leider musste ich mir eingestehen, dass das nicht die erste Beziehung dieser Art gewesen war. Ein Ex-Partner zum Beispiel drohte mir oft an, sich selbst etwas anzutun. Das war seine Strategie, um mich zu erpressen, damit ich tat, was er wollte. Das war einfach krank. Als ich ihn dann verließ, erzählte er die bösartigsten Gerüchte über mich. Ich erkannte sogar, dass all meine Beziehungen bisher toxische, also giftige Beziehungen waren. In der Zeitschrift *Psychologie Heute* wird dieser Begriff so bezeichnet: »Verbindungen, die mehr Kraft kosten als Kraft geben und in denen Kränkung, Kontrollsucht, Egoismus, Ignoranz und Beleidigungen eine große Rolle spielen.«[10]

Aber was eine toxische Beziehung genau ausmacht, das lässt sich nicht pauschal beantworten, da jeder Mensch andere Grenzen setzt. Eindeutig toxisch ist natürlich Gewalt, das geht gar nicht und ist klar zu bestimmen, anderes jedoch nicht, es ist diffuser. Vielleicht fühlst du dich gerade auch so, als würdest du Tag für Tag Gift zu dir nehmen oder als hättest du wie ich einen Parasiten in dir, der einem die Freude und Kraft am Leben nimmt. Das ist schon mal ein Merkmal: Dir geht es schlecht. Dieses und weitere Merkmale habe ich aus verschiedenen Quellen und eigener Erfahrung zusammengestellt. So kannst du erkennen, ob du in einer toxischen Beziehung gefangen bist oder womöglich nur eine Liebesflaute herrscht. Denn in jeder Partnerschaft gibt es Streit und Situationen, in denen man verletzend handelt.

Merkmale einer toxischen Beziehung:

- Seelische und körperliche Probleme. Vielleicht kannst du dich schlechter konzentrieren, bist gestresst oder entwickelst eine Essstörung.
- Schuldzuweisungen. Du hast das Gefühl, immer schuld an allem zu sein, du machst nichts richtig. Auch dein Partner sieht das so. (Der Partner kann auch in allen Fällen eine Partnerin sein.)
- Isolation. Möchte dein Partner nicht, dass du dich mit Freunden triffst, oder macht herablassende Bemerkungen über deine Familie? Über deine Hobbys oder Pläne?
- Kontrolle. Veränderungen wie einen neuen Job oder eine Reise verbietet dein Partner. Er verkauft sein toxisches Verhalten als gut – er sei leidenschaftlich und nicht eifersüchtig.
- Himmelhoch jauchzend, zu Tode betrübt. Es hat so schön angefangen und schön ist es immer noch. Manchmal. Wenn du dich »gut« benimmst und dein Partner gut gelaunt ist.

- Skrupellosigkeit. Du hast das Gefühl, auf Eierschalen laufen zu müssen, damit dein Partner nicht wieder austickt. Er beleidigt, betrügt dich chronisch und lügt.
- Gestörte Kommunikation. Dein Partner will gar nicht hören, was du zu sagen hast. Wenn ihr streitet, schreit er oder schweigt. Das extreme Schweigen setzt er als Liebesentzug und Machtmittel ein.

Wenn du dich in dem einen oder anderen Punkt wiederfindest, solltest du deine Beziehung besser hinterfragen – und so schnell wie möglich aus ihr raus. Aber das ist schwer, denn toxische Beziehungen schweißen auch zusammen. Man denkt, man hat schon so viel miteinander geschafft, sich emotional immer wieder auf die Reihe gekriegt, er hat es sicher nicht so gemeint. Und so verzeiht man jedes Mal aufs Neue – sei es wegen der Hoffnung oder wegen der Kinder. Ja, manchmal macht es Sinn, an der Beziehung zu arbeiten und auch an sich selbst, denn eine Beziehung besteht aus zwei Personen. Aber manchmal ist das vergebens. Nur du kannst das entscheiden, nur du weißt, wie groß der Leidensdruck ist. Barbara Becker, die seit über dreißig Jahren Paare therapiert, sagt: »Die einzige Rettung aus so einer Beziehung: Ich schaue auf mich. Ich stelle mich der Realität. Schiebe Fantasien und Manipulationen beiseite.«[11] Es kann sein, dass dir folgende Übung dabei hilft, radikal ehrlich zu sein. Erstelle eine Liste: Welche schönen Momente gab es im letzten Jahr in deiner Beziehung und welche schlechten? Wenn die schlechten Momente überwiegen, musst du über eine Trennung nachdenken.

Aber auch hier weiß dein Herz am besten, was du zu tun hast. Es wird dir mit hoher Wahrscheinlichkeit sagen, dass du diesen Menschen liebst. Aber ist das die ganze

Wahrheit? Nicht immer. Dein Herz kann dir auch sagen, dass es sich nicht lohnt, zu kämpfen, dass du aufgehört hast, dich selbst zu lieben, und dass du das wieder lernen musst. Und das nicht so, wie Narzissten das tun – übrigens findet man diese besonders häufig in toxischen Beziehungen. Narzissten lieben sich nicht selbst, sie lieben niemanden. Sie sind eigentlich zutiefst verunsichert und brauchen Hilfe. Aber du musst diesen Menschen nicht retten, wenn du dich selbst dabei zerstörst. Wir sind ja in keinem Hollywood-Film mit Happy End. So etwas endet meistens nicht mit »Friede, Freude, Eierkuchen«. Da hat uns die Filmindustrie getäuscht, schau dir doch mal *Fifty Shades of Grey* an. Christian Grey ist das Paradebeispiel eines Narzissten und seine Beziehung zu Anastasia Stelle ist die einer toxischen Beziehung.

Also, sag: »Ciao!« Das ist der beste Tipp, wie du dich aus einer toxischen Beziehung löst. Es einfach tun. Ciao, Baby, ciao. Und das wirklich kompromisslos, denn wenn der andere ein »Vielleicht« heraushört, wird er versuchen, dich um den Finger zu wickeln – und du lässt das dann gerne wieder mit dir machen. So wie ich den schönen Worten glaubte, so wie ich glaubte, dass ich ihn ändern könnte. Geh auf Abstand, für mindestens drei bis sechs Monate. Wenn er der Vater oder die Mutter deiner Kinder ist oder ihr sonst irgendwie in Kontakt bleiben müsst, dann ziehe Grenzen. Aber so oder so, und das gilt für alle Trennungen:

Bleib stark, kümmere dich um dich selbst, hol dir Hilfe. Ob bei Freunden, Familie oder einem Therapeuten.

Manchmal kann es ein langer Prozess sein, eine solche Beziehung zu verarbeiten, schwerer als bei anderen. Du solltest dich fragen, warum der Partner das mit dir machen konnte. Beschäftige dich mit alten Wunden, lese später aufmerksam das Kapitel »Chaos im Kopf – die alten Muster«. Denn Menschen, die in solchen Beziehungen landen, die tun es nicht nur einmal. Wie ich. Werde unabhängig. Du allein kannst dafür sorgen, dass es dir gut geht. Beschäftige dich außerdem mit Selbstwert und Selbstliebe, aber das tust du ja schon mit diesem Buch. Du wirst irgendwann wieder Freude am Leben empfinden, du wirst wieder heilen. Und dann bist du frei.

ZWEITER TEIL

Glaub an dich

Reif für die Insel: Love Island

Noch an jenem Abend, an dem ich entschied, diese Beziehung auch im Inneren gehen zu lassen, war ich frei. Frei für Neues. Nachdem ich mich im gemeinsamen Hotelzimmer etwas zurückgezogen hatte und die Mädels das auch respektiert hatten, erzählte ich ihnen später von der Nachricht, von dem, was passiert war.

»Idiot«, murmelten sie und: »Jetzt ist mal endgültig Schluss mit ihm.«

»Diesmal ja, aber so was von«, sagte ich. »Und wisst ihr was? Wenn er mich nicht will, dann will ich ihn auch nicht. Dann versuche ich mein Glück eben woanders.«

»Go Girl«, feuerten sie mich an und dann hatte ich eine Idee, sie kam aus dem Nichts und fühlte sich so richtig an, dass ich sie einfach aussprach:

»Ich bewerbe mich bei *Love Island*.«

Laura und Jessi lachten, aber sie merkten schnell, dass das nicht nur ein Hirngespinst war, dass ich es sehr ernst meinte. Ich war fasziniert von der Sendung, dessen erste Staffel in Deutschland 2017 lief. Jetzt wurde schon die zweite Staffel ausgestrahlt, doch wir konnten sie unterwegs nicht sehen. Es ist eine Dating-Show, in der Männer und Frauen in einer luxuriösen Villa auf Mallorca Tag und Nacht miteinander verbringen. Der Sender, RTLZWEI, schrieb dazu:

»Mach dich bereit für den Sommer deines Lebens: Auf *Love Island* gibt es nicht nur heiße Flirts, sondern auch die wahre Liebe!«[12]

Die wahre Liebe. Genau diese wollte ich finden, und warum sollte ich noch lange warten? Ich hatte das Warten satt, ich hatte mich entschieden. Und so holte ich mein Smartphone, suchte das Anmeldeformular noch dort im Hotelzimmer irgendwo auf den Philippinen und füllte es aus, während meine Freundinnen mich ermunterten. »Abschicken!« Ich sandte das Formular ab. Ich war reif für diese Insel.

Doch erst einmal ging es für mich noch weiter nach Vietnam und von Thailand aus flog ich wieder nach Hause. Es war nun Ende Dezember und bitterkalt, der Alltag kam auf leisen Sohlen, das neue Jahr auf lauten. Im Januar ploppte auf meinem Handy eine E-Mail auf. RTLZWEI. Einladung zum Casting.

»O Gott«, rief ich, und meine Kollegen schauten aufgescheucht zu mir herüber.

»Alles okay«, sagte ich. Vor Aufregung konnte ich kaum sprechen. Ich solle, so hieß es in der Mail, noch einige Fotos und einen ausführlicheren Bewerbungsbogen schicken. Ich musste meine Körpergröße, mein Gewicht, meine Hobbys und meine Besonderheiten angeben. Ich würde sie mit meinem neu gewonnenen Selbstvertrauen überzeugen. Unter Besonderheiten gab ich an: »Klein, aber oho!«

Im Nachhinein war ich unsicher, ob ich mit eins sechsundfünfzig nicht doch zu klein für das Fernsehen wäre. Die Frauen in den Shows sind oftmals über eins siebzig. Vielleicht liegt das aber auch an den Klamotten, die sie gestellt bekommen, tröstete ich mich. Und trotzdem: Die Körpergröße oder ein anderer vermeintlicher Makel sollten einen nicht daran hindern, es zu versuchen, meistens denken wir ja auch nur, dass das ein Makel sein könnte oder eine Voraussetzung sein müsste. Man sehe sich Kate Moss an, die mit ihren eins siebzig eigentlich auch zu klein war für ein Model, aber unbeirrbar durch ihre Leistung überzeugte.

Wenige Wochen nach dem Bewerbungsformular bekam ich erneut eine Nachricht: »Hi Melissa, ruf mich doch mal bitte an, damit wir uns für ein persönliches Gespräch verabreden können.« Erst hatte ich ein Telefon-, dann ein Video-Casting und danach noch zwei weitere Castings in Köln. Das war ein ewig langer Prozess und ich glaubte am Ende, dass nur noch eine Absage eintrudeln konnte. Denn es war schon Ende Juli und die Dreharbeiten zu *Love Island* sollten Ende August starten. Schon in Ordnung, sagte ich mir, ich hatte mich wenigstens getraut, und das machte mich stolz. Doch dann bekam ich einen Anruf. Ich arbeitete gerade wieder im Kundenservice.

»Melissa, du bist dabei«, hieß es am anderen Ende der Leitung.

»Warte«, sagte ich, »ich muss mich setzen.«

Ich hockte dann auf meinem Bürostuhl und dachte: Nee, das kann nicht sein. Aber wenn dem wirklich so war und es schon in wenigen Wochen losging, musste ich das mit meinem Arbeitgeber so schnell wie möglich klären. Würde er mich ein weiteres Mal freistellen?

Bevor ich zu meinem Vorgesetzten ging, erzählte ich meiner indirekten Chefin davon.

»Melissa, eigentlich passt du nicht hierher in den Kundenservice«, hatte sie einmal zu mir gesagt, und das fiel mir jetzt ein. Sie hatte damit nicht gemeint, dass ich meine Arbeit nicht gut machen würde, im Gegenteil, aber sie war der Ansicht gewesen, dass ich etwas Kreativeres machen müsste. *Love Island* war auf jeden Fall etwas anderes und sie unterstütze mich dabei, als ich ihr davon berichtete.

»Melissa, mach das! Das ist dein Ding!«, sagte sie enthusiastisch.

Das gab mir etwas Aufwind und ich ging zu meinem

Chef, der mir ja schon Asien genehmigt hatte, und sagte kleinlaut: »Ich arbeite dann auch weiter. Ich mache *Love Island,* aber ich komme danach wieder.«

»Wenn du uns das versprichst, kein Problem.«

Ich freute mich wahnsinnig darüber und auch auf das, was ich erfahren würde. Aber Vorfreude ist doch die schönste Freude.

Als ich auf Mallorca eintraf, bekam ich es mit der Angst zu tun. »Ich pinkle mir in die Hose«, sagte ich zu meiner Betreuerin und wäre fast wieder rückwärts aus der Villa gelaufen. Hätte mich diese Angst besiegt, so wäre mein Leben in eine ganz andere Richtung verlaufen. Ich fühlte mich in diesem Moment zu wohl in meiner Komfortzone. Ich wollte nicht auf wildfremde Menschen zugehen, vor Kameras stehen. Aber auf der anderen Seite wollte ich etwas Neues erleben und mir die Chance geben, jemanden kennenzulernen. So holte ich einmal kurz Luft, wie ich es im Retreat gelernt hatte, wobei ich zuvor klargemacht hatte:

»Ich möchte beim Einzug nicht die Letzte sein.«

Denn das war nun mal auch Teil meines Charakters, die Schüchternheit, und wenn ich auf eine Gruppe treffen würde, die sich schon etwas unterhalten durfte, würde es mir umso schwerer fallen, Anschluss zu finden.

Am Tag des Einzugs war ich dann doch die Letzte. Toll.

»Ich sterbe an einem Herzinfarkt, ich kann nicht«, sagte ich, aber dann konnte ich doch. Denn ich wollte es nicht länger hinnehmen, dass mir meine Schüchternheit im Weg stand. Sie gehörte zu mir, ich nahm sie liebevoll an, aber ich müsste anfangen, den Raum einzufordern, der mir zustand. Männer tun das oft ganz selbstsicher und ziemlich laut. Sie verhandeln häufig besser als Frauen und verdienen somit mehr. Sie machen auf sich aufmerksam und melden sich öfter zu Wort, aber das auch nur, weil Frauen es ihnen erlauben. In einem Raum mit beiden Geschlechtern, so hat die Princeton University herausgefunden, melden sich Frauen zu 75 Prozent seltener als Männer. Aber warum ist das so? Haben Männer etwa ein Selbstbewusstseins-Gen? Nein, zwar beeinflussen Gene etwa zur Hälfte die Bildung des Selbstbewusstseins, doch zur anderen Hälfte entsteht es durch die Umgebung und die Sozialisation.

Jungs werden oft zu »Rittern« erzogen, die mutig Risiken eingehen sollen, und Mädchen zu zuvorkommenden »Prinzessinnen«. Beides hat seine Vorteile, niemand muss später zum Typ Mann werden, der lautstark und draufgängerisch ist. Nicht einmal ein Mann. Du kannst ruhig und bestimmt für dich und das, was du tust, einstehen, um Erfolg zu haben. Doch das musst du tun, denn Selbstvertrauen ist mindestens genauso wichtig wie die Kompetenz. Studentinnen schätzten in einer Studie ihre Erfolge und Fähigkeiten viel geringer ein als ihre männlichen Kommilitonen und ließen so Chancen verstreichen. Zum Beispiel die Teilnahme an einem Wettbewerb, obwohl sie möglicherweise kompetent genug gewesen wären.[13] Wenn du also erfolgreich sein willst, beruflich oder privat, musst du dich trauen und handeln, es ist wie mit der Angst. Auch wenn du tausend Ausreden findest, musst du stärker als deine Ausrede sein. Denn dein Selbstbewusstsein wächst mit jedem Mal, bei dem du über deinen Schatten gesprungen bist. Nun sprang auch ich über meinen Schatten und ging in die Villa.

Dort saßen schon vier der Frauen und diese Frauen hatten offensichtlich nicht die Schwierigkeiten, die ich hatte. Trotz meines inneren Zuspruchs dachte ich: Scheiße, ich bin verloren, ich gehe unter. Ich bin zu klein, zu still. Tausend Dinge gingen mir durch den Kopf, aber ich versuchte sie beiseitezuschieben und durch äußeres Selbstbewusstsein mein inneres Selbstbewusstsein zu stärken. Ich ging festen Schrittes auf die Frauen zu. Ich hatte mich extrovertiert angezogen, um die Introvertiertheit zu überspielen. Einen schwarzen Hut und einen tief ausgeschnittenen Badeanzug, darüber einen Lederrock, der sich ab der Hüfte in Streifen teilte. Aber die anderen ließen sich davon nicht blenden. Eine Mitspielerin sagte in dieser ersten Folge, dass ich ein schüchternes, süßes Mädchen sei, das ihre Mutterinstinkte wecke.

Bei der Ausstrahlung der Sendung im Fernsehen wurde auch ein kleiner Vorstellungsclip von mir eingespielt, in dem ich sagte: »In den letzten Jahren hatte ich eher weniger Glück, ich habe mir definitiv die falschen Männer ausgesucht. Ja, ich denke, ich habe so einen Arschlochmagneten an mir.«

Das war ein kleiner oder größerer Seitenhieb an meine Verflossenen, an meine Affäre.

Dann mussten wir Frauen uns in eine Reihe stellen, jeweils ein Mann nach dem anderen kam herein, und wenn eine Frau diesen sympathisch fand, konnte sie einen Schritt nach vorne gehen. Aber auch wenn das nicht der Fall war – es entschied der Mann, mit welcher Frau er die nächste Woche das Bett teilen wollte. Ja, man schlief tatsächlich in einem Bett, und das war das zweite Mal an diesem Tag, dass ich mich überwinden musste. Aber ich fühlte mich schon etwas sicherer, der erste Schritt ist der schwierigste.

Erst hatte mich Danilo ausgewählt, wegen meiner Ausstrahlung, wie er sagte. Mit ihm hätte ich mir das vorstellen können, also ein Bett zu teilen. Aber dann kam Erik und die Spielregeln ließen es zu, dass er mich ihm »wegschnappte«. An diesem Abend hatten die Männer die Wahl gehabt und nicht die Frauen, obwohl sie immer eine Wahl haben.

Wer sagt, er hätte keine Wahl, sieht nicht, dass er immer eine Wahl hat. Wirklich immer.

Wir Frauen mussten nicht mit dem Mann zusammenkommen, der sich für uns entschieden hatte. Man lernte sich sowieso erst einmal kennen, auch die anderen Männer. Und am Abend hätte ich auch auf dem Boden schlafen oder die Show verlassen können. Ich rutschte bis an die äußerste Kante des Betts und hoffte, dass sich in den späteren Folgen die Karten beziehungsweise die Paare neu mischen würden. Ich persönlich hätte mich gefreut, mehr von Danilo zu erfahren. Und in einer der späteren Folgen entschied er sich tatsächlich noch einmal für mich – und es war um mich geschehen. Doch eine neue Mitspielerin, Dijana, kam, eine schöne Frau mit blonden Haaren. Danilo interessierte sich auch für sie und so wurde sie zu meiner großen Rivalin stilisiert. Es war eben ein Reality-TV-Format, aber ich verstand mich trotzdem gut mit Dijana. Mehr als das, aus der Sendung ging ich mit einer guten Freundin heraus. Aber auch mit einem festen Freund?

Kurz vor dem Finale musste ich eine Entscheidung treffen. Ich hatte mich tatsächlich verguckt. Danilo und ich hatten uns geküsst, aber er gab mir keine Sicherheit. Ich gab ihm die Zeit, die er brauchte, aber verarschen lassen wollte ich mich auch nicht. Ich sagte es schon in der Sendung, ich sei kein Hund, der jemandem hinterherlaufen würde. Das hatte ich hinter mir, ich wollte nicht mehr warten. Und ich sah, dass Danilo und Dijana mehr Chancen hatten, ihr Glück zu finden. Sie entschieden sich letztendlich auch füreinander und wollten es im echten Leben miteinander probieren. Ich wendete mich in der Entscheidungsrede direkt an sie und sagte: »Wenn zwei Herzen zusammengehören, finden die zusammen.« Ich wollte kein böses Blut, keinen Neid und keine Reue in mir haben. Ich dachte an den Brief beziehungsweise den Rat, den mir meine Mutter zukommen ließ: »Erzwingen kann man nichts.« Und ich realisierte, dass ich nicht gegen alle Ratschläge rebellieren müsste, wenn mein Herz mir doch das Gleiche sagte.

Ich hätte mich dann mit einem der zwei anderen Männer »vercoupeln« können, das heißt ein Paar bilden können. Denn bei *Love Island* kann man nur als Paar bestehen und die 50 000 Euro gewinnen. Aber ich war nicht wegen des Geldes da und so erklärte ich: »Deshalb entscheide ich mich heute dafür, die Villa selbstständig zu verlassen.«

Plötzlich Influencerin

Love Island war für mich nun vorbei, ich war weiterhin Single, aber dieses Mal war es anders. Ich hätte zwar immer noch gerne jemanden gehabt, mit dem ich lachen, reden, kuscheln könnte, das war ein in mir verankertes Bedürfnis nach Nähe. Vielleicht weil sie mir in der Vergangenheit so fehlte, aber durch die Nähe, die ich zu mir aufgebaut hatte, fühlte ich mich nicht alleine. Ich war mir genug, ich begann an mich zu glauben.

Ich machte es mir noch zwei Tage auf Mallorca gemütlich, denn die Sendung, in der ich beschlossen hatte, freiwillig zu gehen, war in Deutschland bislang nicht ausgestrahlt worden. Ich genoss die Ruhe, nachdem ich mit rund zehn Männern und Frauen von morgens bis abends den Tag und die Nacht verbracht hatte. Dann machte ich mein Handy an. Einen Monat lang war ich von der Außenwelt abgeschnitten gewesen, ich wusste nicht, ob sich etwas Weltbewegendes getan hatte, ich wusste nicht, wie es meinen Freunden und meiner Familie ging. Ich bekam nur wie die anderen Teilnehmer eine Grußbotschaft, die ich in der Sendung vorlesen sollte. Der Brief meiner Mutter. Aber das war der einzige Kontakt und ließ auch nicht viele Schlüsse zu. Das Display leuchtete auf und das Smartphone fing an zu vibrieren und zu klingeln, es hörte gar nicht mehr auf, als würde es in meiner Hand explodieren wollen. Dann stürzte es ab.

»Okay«, murmelte ich vor mich hin. Ich machte es wieder an und las die Nachrichten von Freunden und von der Familie. Bald würde ich alle wieder in die Arme schließen können.

Ich loggte mich dann in verschiedene Plattformen der sozialen Medien ein. Es blinkten Zahlen auf, die immer weiter stiegen. Waren das auch alles Nachrichten? So viele Menschen kannte ich doch gar nicht. In den letzten Wochen hatte eine gute Freundin in meinem Auftrag Bilder und Infos gepostet, die sie vom Sender bekam. Wie komisch das war. Dann stach mir eine Zahl ins Auge. Das konnte nicht sein. Ich hatte 300 Follower, bevor ich nach Mallorca geflogen war, bevor ich in die *Love Island*-Villa einzog. Das ist ein Fehler, dachte ich, da ist eine Null zu viel. Statt 300 Follower hatte ich nun 300 000.

So eine Zahl sagt rein gar nichts über den Wert eines Menschen aus, trotzdem war es ein schönes Gefühl, Bestätigung und Anerkennung zu bekommen. Besonders weil ich mich im Fernsehen nicht verstellt hatte. Ich war unverfälscht gewesen, keine Kunstfigur, keine Schauspielerin. Sie hatten mich gemocht, so wie ich war. Mit all meinen Tränen, meinem Lachen, meinen Sprüchen.

Am nächsten Tag bat mich ein Verantwortlicher von RTLZWEI zu sich. Möglicherweise ein Abschlussgespräch.

»Hast du das mitbekommen?«, fragte er mich und spielte auf meine Internetpräsenz an. Ich nickte und er sagte, dass die Menschen gerne mehr über mich erfahren wollen, sie fänden mich authentisch.

»Kannst du dir vorstellen, dich von uns vertreten zu lassen?« Ich antwortete nicht sofort, lächelte und dachte nach.

Wenn das Leben dir die Hand reicht, dann schlag sie nicht aus, nur weil du Veränderungen scheust. Ergreif sie. Und dann kannst du immer noch loslassen.

Ich prüfte die Chance, um zu erkennen, ob sie tatsächlich eine war. Ich nahm mir die Zeit, las den Vertrag, sprach mit verschiedenen Menschen, bat um ihre Meinung, aber letztendlich hatte ich gelernt, dass ich selbst herausfinden musste, was meine Meinung dazu war. Ich hörte in mich hinein, wie ich es immer tat, und hatte ein gutes Gefühl. Es könnten sich dadurch neue Türen öffnen und es könnte sogar etwas Aufregendes passieren. Und das mochte ich, mag ich immer noch. Ich bin ein abenteuerlustiger und aktiver Mensch, ich mag keinen Stillstand. Trotzdem merkte ich, dass ich eine Pause brauchte. Aber eine Pause ist ja auch kein Stillstand. Sie erst ermöglicht Fortschritt. Ich sagte zu, aber nutzte meinen Urlaub, um mich an die neue Situation heranzutasten – das war alles sehr viel und alles sehr anders. Ich hatte meine Vorgesetzten deshalb um eine Urlaubsverlängerung von zwei Wochen gebeten. Einen Monat Achterbahnfahrt, Interviews, Spiele, Gefühlschaos, nun auch noch dieses Angebot. Solche Phasen der inneren Einkehr, der Reflexion braucht es jedoch, damit man zu neuer Kraft finden kann – und das Leben nicht einfach an einem vorbeizieht.

Man könnte vielleicht meinen, ich sei bei alldem naiv gewesen, aber ich wollte gar nicht in die Öffentlichkeit, ich wollte etwas Neues tun und im besten Fall die große Liebe finden. Mir war zwar klar gewesen, dass die Sendung ausgestrahlt werden würde, aber in ihr hatte ich die Kameras oft vergessen. Mir war nicht so klar gewesen, dass ich anschließend noch so präsent sein würde. Das war nicht bei jedem Kandidaten so. Ich war also etwas aufgewühlt und wusste nicht, was von mir erwartet wurde. Bisher hatte ich meinen Instagram-Account genutzt wie jede andere private Person und jetzt sagte mir das Management, ich solle jeden zweiten Tag Bilder posten. Im Leben nicht, dachte ich. Ich machte nicht einmal besonders gute Bilder. Und auch nicht besonders gerne Bilder von mir, höchstens von der Rückenansicht. Aber nach einigen Tagen schälte sich heraus, was ich zu machen hatte.

Alles, was ich tun muss, ist, ich selbst zu sein.

Ich konnte wohl hin und wieder ein Foto knipsen, aber ich müsste ja keine Lady Gaga werden, ich wäre einfach Melissa. Und wenn ich damit die Erwartungen nicht erfüllte, dann war das eben so. Ich wollte nicht mehr darüber nachdenken, was man von mir erwartete. Ich wollte einfach machen und sehen, wo das hinführte. Ich veröffentliche meinen ersten Post nach *Love Island:*

Hallo, meine Lieben!
Danke für euer Verständnis, dass ich mich die ersten Tage kaum gemeldet habe. Ich wurde ganz ehrlich von allem ziemlich überrumpelt, Ankommen nach vier Wochen Liebesinsel ... Jedoch hatte ich bereits meine ersten Interviews und war im Fernsehen ... Ich bin euch so unglaublich dankbar! Ich freue mich riesig über jede einzelne Nachricht und die ganze Liebe! Für mich ist das alles sehr ungewohnt, daher bitte nicht böse sein, das ist mein erster richtiger Post als Person des öffentlichen Lebens, ich muss mich erst mal an den ganzen Rummel gewöhnen.
#dankefüralles #seiduselbst #zeitfürmich #love #ootd #mallorca #throwback«

Wo das hinführte, war auch für mich unabsehbar gewesen. Aber auf einmal war ich: Influencerin. Ich bin es immer noch. Ich kann die Menschen, die meinen Kanal abonnieren, inspirieren. Ihnen Einblicke in mein Denken und mein Leben gewähren. Von meinen Höhen und Tiefen erzählen und die schönen Dinge im Leben würdigen. Essen, Reisen, all die vielen Kleinigkeiten. Außerdem kann ich mich in den Storys austauschen, ich mache gerne Fragerunden. Mein Management schlägt mir außerdem Werbekooperationen mit Firmen vor. Aber ich möchte nur die Marken weiterempfehlen, hinter denen ich stehe. Ich möchte sie selbst ansehen, testen und meine ehrliche Meinung sagen dürfen. Außerdem wähle ich die Werbung sorgsam aus, ich möchte meinen Kanal nicht zuspammen.

Am Ende habe ich mich für Marken und Produkte entschieden, die gut zu mir passen, vegane Haarpflegeserien oder den Schmuck eines Herstellers, der in einer Kollektion auch Horoskop-Ketten anbot, die ich gerne trug. Und dann hatte ich sogar die Möglichkeit, mein eigenes Shirt herauszubringen. Lange arbeitete ich mit dem Label daran, damit es wirklich mein Style wurde. Ich hatte eine klare Vorstellung – Unisex. Ich gehe gern in der Herrenabteilung shoppen, Hemden oder Sweatshirts in X oder XL, weil ich es gemütlich, locker und lässig mag. Auch gerne verwaschen. Beim Spruch waren die zwei Label-Gründerinnen und ich uns schnell einig: »Self-Confidence« sollte auf das T-Shirt gedruckt werden. Quasi als Erinnerung, aber auch als Leitspruch. Für mich, für all die Frauen und Männer da draußen, die nicht mehr ihre Klappe halten und sich nicht unter Wert verkaufen wollen, für alle, die ihren Traum leben wollen. Sich endlich trauen, selbstbewusst aufzutreten und Raum für sich zu beanspruchen. Das Label wollte einen Tiger als Aufdruck, aber auch da sagte ich: »Eigentlich hätte ich lieber einen Adler drauf.« Ein Adler hat die Möglichkeit, dass er weit, weit fortfliegen kann. Außerdem symbolisiert er die Freiheit.

Auch ich fühlte mich frei, von niemandem mehr abhängig. Als Erstes ging ich zu meinem Stiefvater, der mir ein Auto gekauft hatte, jährlich wollte ich ihm eine Rate überweisen. Damals sagte er noch:

»Du wirst es mir nie abbezahlen können.«

»Doch, das werde ich.«

»Ja, vielleicht in zwanzig Jahren.«

Das kränkte mich damals, aber jetzt war ich umso stolzer, dass ich an mich geglaubt und es geschafft hatte. Ich überwies ihm die restliche Summe.

Ich musste inzwischen nicht mehr drei Jobs gleichzeitig machen, aber dem Kundendienst blieb ich weiterhin treu, jedenfalls für einige Monate, bis die Doppellast zu hoch wurde und ich mich auf das Influencen konzentrierte. Insgesamt konnte ich mir zwar ein oder zwei teurere Sachen leisten, aber ich war eher preisbewusst. Bei einer Produktion beispielsweise wollten sie mir eine Liege am Strand zahlen, die 40 Euro kostete. Ich sah es nicht ein, meinen Hintern auf einer 40-Euro-Liege zu sonnen, wenn es genauso gut eine 10-Euro-Liege sein konnte. Außerdem sparte ich für meinen Herzenswunsch. Natürlich eine Reise, eine Weltreise im Bulli. Es fehlte nur jemand, der das mitmachte.

Chaos im Kopf –
die alten Muster

Ich lernte einen Menschen kennen, der – anders als die Affäre – auch wirklich mit mir zusammen sein wollte. Doch in der Beziehung fing es schnell an zu kriseln. Es war, als wären wir zwei Planeten auf unterschiedlichem Kurs. Auf Kollisionskurs. Ich merkte, dass wir zu unterschiedlich waren. Das wusste ich und das wusste auch er. Ich fragte mich: Was habe ich schon wieder falsch gemacht? Was ist an mir fehlerhaft? Warum bin ich nie genug? Warum bekomme ich keine Beziehung auf die Reihe? Deshalb versuchte ich es weiter, ich mochte ihn ja auch gerne. Aber es war aussichtslos, ich sollte Schluss machen. Doch das war schwer, wir standen beide in der Öffentlichkeit und würde ich jetzt aufgeben, was würden die anderen denken? Alle schauten zu, sie urteilten, sie diskutierten, aber sie stecken nicht in meiner Haut. Sie konnten gar nicht wissen, was passiert war, wie sich das für mich anfühlte, was das Beste für mich war. Ich versuchte es jemandem recht zu machen, den ich nicht einmal real sehen konnte. Erneut fühlte ich mich fremdgesteuert statt selbstbestimmt.

Ich fragte mich: Für wen führe ich eigentlich mein Leben? Für mich oder für die anderen?

Ich fiel in die alten Muster zurück. Selbstvorwürfe, Festhalten, anschließend Flucht. *Du kannst nichts erzwingen.* Ich dachte an die Worte meiner Mutter. Wenn es nicht sein soll, soll es nicht sein. Und als die Anfrage für *Kampf der Realitystars* kam, war das die Möglichkeit für mich, erst einmal auf Abstand zu gehen und das zu tun, wonach ich mich sehnte: ins Ausland zu reisen. Denn es wurde in Thailand gedreht, genauer auf der Insel Phuket. Mein Management riet mir jedoch ab, meinte, vielleicht sei das nicht die richtige Richtung für mich. Ich wollte nur weg. Doch vor mir selbst konnte ich nicht fliehen.

In mir tauchte wieder diese Stimme auf: Ich bin schuld, ich bin nicht gut genug. Die Stimme meines inneren, verletzten Kindes.

Das innere Kind. Du hast bestimmt schon einmal davon gehört. Mehrere Psychologen haben diesen Begriff begründet. Sie meinen, dass Erfahrungen, Erinnerungen und Gefühle aus der Kindheit in unserem Gehirn abgespeichert werden. Sowohl negative als auch positive Gefühle, wie Angst und Freude. Wir erinnern uns an schlimme sowie an gute Situationen und haben als Erwachsene daraus Lehren gezogen und Glaubenssätze gebildet. Sie haben uns also geprägt, darin, wie wir heute denken, wie wir fühlen und handeln. Das alles hat seinen Ursprung in der Kindheit und den Personen, die uns am nächsten standen. Dementsprechend wirken alte Verletzungen und Muster noch heute, wo wir schon längst erwachsen sind, in uns nach.

Was denn, geht es nicht ein bisschen kreativer?, fragst du dich vielleicht. »Ich hatte eine schwere Kindheit« ist doch schon längst keine Ausrede mehr. Ist etwa die Mutter an allem schuld? Oder der Vater? Schon wieder die Schuldfrage, das will doch keiner mehr hören. Und deshalb weigern sich viele wahrscheinlich auch, dem inneren Kind zuzuhören, das nur etwas erzählen will, von Verletzungen, von Phobien und sabotierenden Lebensmustern. Stattdessen heißt es: Sie hätten eine schöne Kindheit gehabt, sie würden ihre Eltern lieben und so weiter. Und trotzdem sind da diese Narben und diese Narben waren einmal Wunden gewesen. Doch wer will schon alte Wunden aufreißen? Keine Angst, die heutige Psychologie sucht nicht nach Verantwortlichen. Sie möchte nur verstehen, warum wir so sind, wie wir sind. Selbst wenn unsere Eltern alles richtig gemacht haben, das Kind, das wir damals waren, war noch nicht reif genug, um alles richtig einordnen zu können.

Sagt ein Vater beispielsweise zu seinem Kind: »Das kann ich dir nicht erklären, das verstehst du nicht«, zieht das Kind daraus den Schluss: »Ich verstehe nichts. Ich bin dumm.« Ein Glaubenssatz ist geboren. Dabei wollte der Vater nur deutlich machen, dass das Kind noch zu klein sei, um etwa die Anatomie seines Geschlechts zu begreifen. Er hat also nicht einmal einen Fehler gemacht, ja, das ist besonders ernüchternd. Kommt das einmal vor, werden sicher keine lebenslänglichen Traumata davongetragen, aber wenn das Kind in der Schule eine Fünf in Mathe schreibt und die Mutter schimpft es dafür, denkt das Kind sofort: Ich bin dumm. Und als Erwachsener taucht dieser Gedanke unweigerlich wieder in seinem Kopf auf, wenn er etwas nicht kapiert. Er redet sich dann ein, dass er schwer von Begriff ist. Vielleicht nimmt er gar keine Aufgaben mehr an, bei denen er das Gefühl haben könnte, dass er ihnen nicht gewachsen ist. Egal, ob es eine Aufgabe ist, für die man Mathe braucht oder nicht. Er bleibt hinter seinen Möglichkeiten zurück.

Und manchmal haben die Eltern wirklich etwas falsch gemacht, viel falsch gemacht. Sie haben einen geschlagen, missbraucht, verlassen. So oder so beeinflussen unsere Glaubenssätze unser Leben. Wir konnten es unseren Eltern nicht recht machen? Dann tun wir uns als Erwachsene schwer mit Kritik, auch wenn sie konstruktiv ist. Oder wir versuchen es jedem recht zu machen und vernachlässigen uns selbst. Es kann immer in zwei Richtungen ausschlagen. Meine Mutter war beispielsweise eher vorsichtiger, skeptischer Natur, das habe ich ja schon erzählt. Manche wären bei dieser Art von Erziehung genauso vorsichtig und skeptisch geworden, hätten Angst vor der Welt und Glaubenssätze entwickelt wie: »Ich bin ein Angsthase. Die Welt ist gefährlich. Ich bleibe zu Hause.« Ich dagegen ging in die Rebellion. Gefährlich? Pah. Ich will die Welt sehen! Und trotzdem ist ein Stück Vorsicht zurückgeblieben, wohl auch in Form von Schüchternheit. Wer weiß, welche Situation darauf Einfluss gehabt hatte …

Psychologen nehmen an, dass wir solche Glaubenssätze entwickeln, wenn unsere Grundbedürfnisse in der Kindheit, aber auch später nicht genügend gestillt wurden. Da wäre etwa das Bedürfnis nach Bindung, nach jemanden, der sich liebevoll um einen kümmert. Oder das nach Autonomie, irgendwann möchte jeder unabhängig sein. Dann gibt es noch das Bedürfnis nach Lust, nach Genussmitteln und das nach Anerkennung, wir möchten gesehen werden. Nichterfüllung der Bedürfnisse und daraus resultierende Glaubenssätze können uns krank machen. Wer sich in seiner Kindheit nicht geliebt fühlte – ob es tatsächlich so war oder nur subjektiv so wahrgenommen wird, macht fast keinen Unterschied –, kann eine Bindungsunfähigkeit entwickeln. Wer sich nie frei entfalten durfte, wird ein Kontrollfreak, wer nie Schokolade essen durfte, kann sich später nicht disziplinieren. Wer nie gelobt wurde, entwickelt Komplexe. Das muss nicht so sein, und nicht alles ist erklärbar, aber manches eben doch. Vielleicht lohnt es sich also, einen genaueren Blick zurückzuwerfen.[14]

Die Reise in die Vergangenheit ermöglicht dir einen neuen Blick auf deine Gegenwart und ein neues Handeln in der Zukunft.

Ich möchte, auch wenn es mir schwerfällt, mich nackt machen, mich zeigen, mit meiner Vergangenheit, mit meinen Schwächen, meinen Ängsten. Aber ich will das tun, damit du das auch tust, auch wenn es nur für dich selbst ist. Damit du und ich die Vergangenheit loslassen können.

Mein Vater ist frei und eigensinnig, das habe ich von ihm. Wir hören uns leider selten, eigentlich war nie ein regelmäßiger Kontakt da. Ich bin bei meiner Mutter aufgewachsen. Später spielte ich viel mit ihren Porzellantieren, die teilweise mit Wolle umhüllt sind. Sie stellen Schafe dar. Ich weiß nicht, wer damit angefangen hat, ich, meine Mutter, die Familie meines Vaters, aber irgendwann war ganz klar: Das schwarze Schaf in der Herde der weißen Schafe, das bin ich. Ich gehöre nicht zu dieser Familie. Ich bin ein schlechtes Kind, ein anstrengendes Kind. Das hörte ich einmal ein Familienmitglied sagen.

Was meinen Vater angeht: Ich spürte damals, glaube ich, keine Lücke. Wie soll man auch wissen, was einem fehlt, wenn man es niemals besessen hat? Mit vier oder fünf habe ich einen Stiefvater bekommen, ich schloss ihn sofort ins Herz und er auch mich. Ich habe mich schon beim ersten Treffen auf seinen Schoß gesetzt. Ich kann auch heute noch zu ihm gehen, wenn ich ein Problem habe, dann hilft er mir. Im Nachhinein war er ein guter Ersatzvater. Er und meine Mutter bekamen noch zwei Töchter, meine Schwestern. Aus ihren Namen habe ich meinen Künstlernamen gebildet, Damilia. Die eine ist jetzt fünfzehn, die andere erst drei Jahre alt. Früher wollte ich nie Kinder haben, aber durch sie hat sich das geändert.

Ich war also bis zu meinem zehnten Lebensjahr ein Einzelkind. Man könnte jetzt denken, wenigstens bekam ich bis dahin alle Aufmerksamkeit, alle Beachtung wie eine Prinzessin, wie eine verwöhnte Prinzessin. Meine Mutter hatte aber gar nicht die Zeit dazu, damals ging sie noch auf die Berufsfachschule. Meine Großmutter hatte schon alle Hände voll mit meiner Cousine zu tun und so entschied meine Mutter, mich einer Tagesmutter anzuvertrauen. Heute tut ihr das leid, aber damals ging es nicht anders. Außer mir waren noch zwei andere Kinder bei der Tagesmutter, die sie vergötterte. Meiner Erinnerung nach vernachlässigte Sie mich aber, benachteiligte mich. Während sie den anderen beiden Süßigkeiten gab, hielt ich ihr meine Hände hin und sie blieben leer. Einmal sperrte sie mich in ein Zimmer ein, als wäre ich in einem gruseligen Märchen gelandet. Währenddessen spielte sie mit den anderen Kindern draußen, ich habe noch heute ihr Lachen im Ohr.

In einer anderen Erinnerung sah sie mit an, wie ich meine Hand zu einem heißen Ofen führte. Ich war ein Kind, sie sagte nicht: »Vorsicht, das ist heiß.« Sie hatte mich nicht gewarnt, mich nicht zurückgehalten. Ich verbrannte mir nicht nur die Hand, die anfing, Blasen zu werfen, ich verbrannte mich. Gebranntes Kind. Ich fühlte mich dort unwohl und war schrecklich unglücklich. Ich wandte mich an meine Familie wie an einen Strohhalm und erzählte ihnen davon. Aber sie wollten das nicht hören. Eines Tages holten mich meine Großeltern zum Spazierengehen ab. Ich war still, in mich gekehrt, schaute die Bäume an und fing plötzlich an zu weinen. Es war so viel Traurigkeit in mir, so viel, dass ich nicht mehr konnte.

Das war meine Kindheit und nach dem vorherigen Theorieteil wird mir einiges klar. Warum ich später so reagiert habe, wie ich reagiert habe. Warum ich denke, was ich denke. Ich entwickelte schädliche Glaubenssätze und alle davon unbewusst. Manchmal waren es nur kurze Fragen, die auftauchten: Meine Eltern sind nicht zusammen, bin ich schuld? Mein Vater hat keine Beziehung, kann ich eine Beziehung führen? Manch andere Glaubenssätze sind aber schon deutlicher:

- Mein Vater hat keinen großen Kontakt zu mir, ich bin es nicht wert, ich habe es nicht verdient.
- Ein Familienmitglied sagt, ich sei anstrengend, ich bin also falsch, ich darf nicht so sein, wie ich bin.
- Meine Tagesmutter liebt die anderen Kinder, ich werde nicht geliebt, ich bin nicht liebenswert.
- Ich erzähle meiner Familie von meinem Leid, sie glaubt mir nicht, mein Leid interessiert niemanden, ich bin alleine, ich habe nichts zu sagen, ich werde nicht gehört, nicht gesehen.
- Ich bin das schwarze Schaf, ich gehöre nirgendwo dazu, ich ziehe mich in mich selbst zurück, ich mache Dinge falsch, ich bin einfach schuld, weiß aber nicht einmal, woran und warum.

Aber ab hier setzt die selbsterfüllende Prophezeiung ein: Wenn wir ein bestimmtes Verhalten oder Ergebnis erwarten, tragen wir selbst dazu bei, dass dieses Verhalten oder Ergebnis auch wirklich eintritt. Ich bin das schwarze Schaf? Dann sollt ihr mal sehen, was das wirklich bedeutet.

Mit etwa dreizehn Jahren stritt ich mich nur noch mit meiner Familie, ich war gegen alles und jeden. Ich rebellierte, ich fing an, mich stark zu schminken, das gab mir

Sicherheit, doch ich hörte, wie man mein Aussehen »billig« nannte. Super, Zeit für einen neuen Glaubenssatz. Eines Tages bekam meine Mutter einen Anruf von der Polizei. Ich saß in einem Polizeiwagen, wartete und wiederholte: »Ich habe nichts getrunken.« Wenn Bedürfnisse nicht gestillt werden, sucht man sich etwas, dass das Loch im Herzen stopfen kann. Und wie Psychologen vorhersagen, entwickeln sich daraus weitere Störungen. Es ist ein dunkles Kapitel meiner Jugend.

Meine Mutter wusste nicht mehr weiter, sie machte sich Sorgen um mich. Vielleicht fragte sie sich auch, ob sie schuld ist. Sie fühlte sich hilflos und schickte mich zu einem Coach und einer Heilpraktikerin. Von da an wurde es besser. Auch deshalb glaube ich an die Kraft der Reflexion, weil ich gemerkt habe, dass ich es dadurch selbst in der Hand habe, wie es mir geht. Therapeuten stellen die richtigen Fragen, die ich nun kenne und mir immer wieder stellen und beantworten kann. Welche Gefühle habe ich und warum? Was brauche ich? Wie spreche ich mit mir? Was denke ich über mich? Was kann ich ändern? Woher kommen meine Gedanken? Aber ich bin noch lange nicht am Ende damit, mich mit mir und besonders meinem inneren Kind zu beschäftigen.

Und du stehst vielleicht auch erst am Anfang. Aber was ich in der Therapie ebenfalls gelernt habe: dass aus alten Glaubenssätzen neue geformt werden können. Du hast es in der Hand, wie du mit ihnen umgehst, wie du auf deine Gedanken reagierst. Auf deine vielen und auch kontraproduktiven Gedanken. Forscher einer südkalifornischen Universität haben herausgefunden, dass durchschnittlich 70 000 Gedanken am Tag durch unseren Kopf rauschen.[15] Wie schön wäre es, wenn wir einige von ihnen beeinflussen und in richtige Bahnen lenken könnten …

Glaub an dich und nicht jedem deiner Gedanken.

Wie? Stell dir vor, dein Kind sagt dir, es hätte Angst. Zum Beispiel vor dem Arzt. Dann würdest du doch auch nicht den Termin absagen, oder? Du würdest stattdessen versuchen, ihm zuzuhören, warum es Angst hat, und ihm die Angst nehmen wollen. Du würdest ihm erklären, warum es wichtig ist, dorthin zu gehen. Also sollten wir im ersten Schritt auch unserem inneren Kind zuhören, wahrnehmen, was es zu sagen hat, und es ernst nehmen. Du kannst dich ebenso mit deinem inneren Kind verbinden, indem du dich, wie ich das vorhin gemacht habe, in deine Kindheit zurückversetzt. Du kannst sowohl an die schönen Momente als auch an die schlechten Momente denken. Wenn es dir schwerfällt, dich zu erinnern, helfen dir vielleicht diese Fragen: Was hast du früher am liebsten gegessen? Was hattest du früher so an? Welche Kindheitserinnerung ist dir besonders in Erinnerung geblieben? Mit wem oder was hast du gespielt? Ebenfalls hilfreich sind folgende Fragen: Wer hat dich erzogen? Mit wem hast du viel Zeit verbracht? Wie war deine Mutter, an was hat sie geglaubt? War sie liebevoll, aber in ihrer Überforderung auch sehr abweisend und kalt? Kannst du dich an einige Sprüche von ihr erinnern? Beantworte diese Fragen auch für deine weiteren engsten Bezugspersonen wie den Vater oder die Großmutter.

Aus deinen Erinnerungen und Antworten kannst du nun deine negativen Glaubenssätze ableiten. Dein inneres Kind ist auch dein innerer Kritiker. Vervollständige die folgende Liste mit den Dingen, die du glaubst und die dich in deiner Entwicklung hemmen:

Alte, negative Glaubenssätze

Ich mache nichts richtig.

Ich bin hässlich.

Ich muss es anderen immer recht machen.

Ich bin nicht liebenswürdig.

Ich bin nicht genug.

Ich bin niemand.

Ich darf nicht.

Ich kann nicht.

Ich gehöre nicht dazu.

Ich habe es bis jetzt nicht geschafft, ich schaffe es nie.

Ich will von allen gemocht werden.

Frauen sind nicht so stark wie Männer.

Männer weinen nicht.

Nur gierige, arrogante Menschen verdienen viel Geld.

Arbeiterkinder studieren nicht.

Der zweite Schritt ist, diese negativen Glaubenssätze zu hinterfragen. Pick dir dafür einen heraus. Bleiben wir bei dem Beispiel: »Ich bin dumm. Ich kann das nicht.« Warum glaubst du das? Du hast bestimmt schon Erfolge feiern dürfen. Du hast vielleicht gelernt, wie man ein gutes Foto macht, wie man eine Freundin bei Liebeskummer tröstet, du hast einen Abschluss oder weißt, was es mit der Quantenphysik auf sich hat. Musst du dann auch unbedingt die Rechtschreibung perfekt beherrschen? Und wenn du denkst, dass du das können musst – hast du versucht, dich zu verbessern?

Der dritte Schritt besteht darin, zu verstehen, dass nichts für immer ist. Okay, du hast einmal geglaubt, dass du das nicht kannst. Was ist aber, wenn du es *noch* nicht kannst? Das hört sich doch schon besser an und viel besser ist es, wenn du dir sagst: »Ich kann das.« So kannst du mit all deinen negativen Glaubenssätzen verfahren, kehre sie einfach ins Positive um. Das funktioniert dann für dich trotzdem, weil das Bewusstsein das umsetzen möchte, was es hört. Das ist das Geheimnis der Affirmationen, also von bejahenden Aussagen. In diesem Sinne sind auch die Worte von Henry Ford sehr passend, der es meiner Meinung nach auf den Punkt bringt: »Ob du denkst, du kannst es, oder, du kannst es nicht: Du wirst auf jeden Fall recht behalten.« Henry Ford

Du kannst auch positive Glaubenssätze aus deiner Kindheit formulieren. Wenn dein Vater beispielsweise nach einem Sturz sagte: »Schon in Ordnung, steh einfach auf, mach weiter«, hast du abgespeichert: »Es ist in Ordnung, zu fallen. Ich darf Fehler machen.« Oder welche Glaubenssätze hast du später in deinem Leben gelernt, die dich weitergebracht haben? Bei mir war es: »Du bist gut genug, du hast viel Liebe zu geben, auch in deinen Beziehungen. Und nur weil diese Liebe nicht erwidert wurde, heißt das nicht, dass ich falsch bin.« Alte Glaubenssätze kannst du übrigens auch einfach umformulieren. Hauptsache, du formulierst sie und machst sie dir bewusst.

Neue, positive Glaubenssätze
Ich darf Fehler machen.
Ich bin schön.
Ich darf mein eigenes Leben führen.
Ich darf finanziell frei sein.

Neue Glaubenssätze bedeuten auch neue Handlungen, weil sie wie das Gaspedal sind und nicht wie die Handbremse.

Wenn du glaubst, dass du Fehler machen darfst und sie dich sogar deinem Ziel einen Schritt näher bringen, bist du nicht mehr so ängstlich und perfektionistisch. Und neue Handlungen führen wiederum zu neuen positiven Glaubenssätzen. Du warst in der Schule nicht so gut in Französisch? Wenn du dir nun aber eine tolle App besorgst oder in Paris das schöne Leben genießt, fällt dir die Sprache viel leichter. Und irgendwann sagst du nicht mehr, dass du nicht sprachbegabt bist. Sondern entwickelst den Glaubenssatz: »Übung macht den Meister«, oder: »La vie est belle.« Also, trau dich ruhig an Neues, erlebe etwas, feiere die Erfolge, und du wirst merken, dass du stärker wirst.

Kampf der Realitystars und die Öffentlichkeit

Ich traute mich immer wieder an Neues, denn zu viel Alltag hieß für mich: zu wenig leben. Ich nahm an der Sendung *Kampf der Realitystars – Schiffbruch am Traumstrand* teil. Aber ich war gar nicht aufgelegt zu kämpfen, auch wenn der Moderator schon vor meiner Ankunft sagte: »Sie (damit war ich gemeint) wird den Kampf um Sendezeit hoffentlich noch schön weiter eskalieren lassen.« Darum hatte mein Management wohl auch gesagt, dass dieses Format nichts für mich wäre. Ja, das lag wohl an meiner ruhigen Art, mir war klar, dass Selbstdarsteller in unserer Welt die besseren Karten haben, das belegen sogar Forschungsergebnisse.[16] Extrovertierte Menschen werden als interessanter wahrgenommen. Aber bei *Love Island* war ich auch so, wie es mir im Moment eben passte, manchmal ruhig, manchmal witzig, manchmal traurig. Die Sendezeit war mir egal gewesen, ich hatte doch nicht irgendwelche Verrenkungen und Bespaßungen gemacht und Streite angezettelt, damit ich ein oder zwei Minuten länger als die anderen gezeigt wurde. Damit ich bekannter wurde. Auch so hatte sich mein Leben von heute auf morgen verändert. Und nun freute ich mich einfach auf die Erfahrung, auf die Abwechslung – und vielleicht würde ich auch andere Seiten an mir kennenlernen.

Ich kam in einem Boot auf einer kleinen Insel an. Ich hatte ein weißes Rüschenkleid an und fühlte mich darin schön und sommerlich, ich brauchte dringend etwas Luft und Wärme nach diesem harten Winter. Ich fragte mich, was oder wer mich erwarten würde. Uns war nicht gesagt worden, welche anderen Stars noch mitmachen würden.

Herzlich empfangen wurde ich von Jürgen aus *Big Brother*, von Johannes, der bei *Bachelorette* mitgewirkt hatte, und weiteren Teilnehmern aus anderen TV-Formaten. Auch sie waren gespannt, was sie erwartete, denn ihnen wurde im Vorfeld gesagt, dass die neue Mitbewohnerin, also ich, diejenige mit dem größten Sex-Appeal sei. Als solche hatten mich jedenfalls die Zuschauer gewählt und deshalb stellten sie sich eine »Granaten-Sexbombe« vor. Okay, ich war auch verwundert, aber geschmeichelt hatte es mir natürlich schon. Wie auch die anderen Rankings in der Staffel. Fast immer katapultierten mich die Wähler oder die Mitbewohner auf die ersten Plätze. Ich wurde als die Authentischste und »Zweitintelligenteste« gewählt, als die, die man am liebsten küssen würde. Zeit für neue Glaubenssätze.

Oft gab es solche Umfragen, wahrscheinlich, um für ein bisschen Aufruhr im Haus zu sorgen. Denn wer nicht vorne lag, fühlte sich leider auch gekränkt. Dabei ist es so ziellos, die Bestätigung im Außen zu suchen, echte Kraft, Ruhe und Zuversicht kommt von innen. Überhaupt gab es viel Streit und ich fragte mich langsam selbst, ob ich richtig entschieden hatte, ob ich hier richtig war. Ich hatte mir vorgestellt, Thailand genießen zu können, aber ich war hier eingesperrt an diesem Strandabschnitt. Aber wie bei *Love Island* konnte ich die Insel jederzeit freiwillig verlassen. Manchmal war es hart, nicht einfach die Flucht zu ergreifen, was ja sonst üblich bei mir war. Immer wieder wurde ich aus dem Konzept gebracht, etwa, als ich zu ehrlich auf die Fragen meiner Mitbewohner antwortete und mehr von mir preisgab, als ich wollte. Und ein anderes Mal, als die Macher der Sendung mich aus der Ruhe bringen wollten, gelang es ihnen nicht. Sie schickten Dijana zu uns ins Strandhaus. Dabei hätte der Sender wissen müssen, dass wir gut befreundet waren, und so fielen wir uns in die Arme.

In den nächsten Wochen warteten weitere Überraschungen und Spiele auf uns; bei den Spielen war ich schon ehrgeizig und tobte mich so richtig aus.

Anfangs dachte ich: Das kann doch nicht wahr sein. Aber meistens haben sie dann doch Spaß gemacht. Eine Aufgabe war es, auf einer Kutsche, die von Ochsen gezogen wurde, bis zur Ankunft am Ziel so viel wie möglich zu essen. Natürlich aßen wir nicht besonders elegant, aber wenn ich eines kann, dann ist es essen. Ich lud mir den Teller voll mit Spaghetti und stopfte, was nur hineinging. Nach der Fahrt wurde jeder gewogen, wurde ausgerechnet, wie viel mehr wir auf die Waage brachten. Bei mir waren es 700 Gramm. Das hatte man mir wohl nicht zugetraut und ich schnitt auch als eine der Besten ab. Ein anderer, der 300 Gramm im Magen hatte, fragte sich, wo das alles bei mir reinginge. Ich sagte ja bereits: klein, aber oho. Und bei solchen Spielen war alles andere fast wieder vergessen. Das kannst auch du probieren, wenn dir die Decke auf den Kopf fällt und der Alltag zu monoton wird, denn Spiele, Spaß oder etwas Ungewohntes zu probieren sorgen für Schwung und neue Perspektiven. Die Dinge etwas zu ver-rücken heißt nicht, verrückt zu sein.

Nimm das Leben und dich selbst nicht zu ernst.

Ernst ja, aber nicht zu ernst. Manche Gedanken kannst du ruhig einmal sein lassen, denk beispielsweise nicht darüber nach, wie du wirkst. Das ist ein ungeheurer Druck. Wenn du vor lauter Aufregung bei einem Date was Dummes gesagt hast oder hingefallen bist – nimm es mit Humor. Wenn du laut lachen willst, lach aus vollstem Herzen. Und wenn wir schon bei Spaghetti sind: Ich habe im Fernsehen zugegeben, dass ich sie gerne klein schneide – wie eine Fünfjährige. Ja, ich bin manchmal kindisch oder sogar peinlich, ich albere gern einmal herum. Widme auch du dich den lustigen Dingen des Lebens. Trau dich, verrückt zu sein. Und du merkst, dass die meisten Dinge ganz und gar nicht, wie du vielleicht angenommen hattest, verrückt sind, dafür aber ziemlich motivierend. Ich bin beispielsweise mit Walhaien geschwommen und denke heute noch gerne daran zurück. Andere machen Pranks, Schneeengel, Pilgern, machen sich selbstständig, ziehen in ein Tiny House, bleiben im Bus länger sitzen oder färben sich die Haare rosa.

Ich ließ mich auf die Spiele ein und schaffte es sogar bis ins Finale von *Kampf der Realitystars,* ich hätte nicht gedacht, dass ich so weit kommen würde. Am Tag der letzten Entscheidung trug ich noch einmal mein Einzugsoutfit, alles hatte einen Anfang und ein Ende. Ich konnte die letzten Spiele nicht für mich entscheiden, Korken knallen und damit auf Badeenten zielen lag mir nicht so und so ging ich als Viertplatzierte aus der Staffel; Kevin Pannewitz, der Fußballspieler, gewann.

Aber ich ging mit einem Lächeln, die Moderatorin Cathy Hummels sagte: »Sei stolz auf dich«, und ich konnte selbstbewusst antworten: »Das bin ich.« Sie meinte auch, dass sie am Anfang das Gefühl gehabt hätte, ich würde mir nicht so viel zutrauen, doch dann sei ich so »wahnsinnig gewachsen«. Das sah ich auch so. Ich resümierte noch in der Sendung, dass ich Angst gehabt hätte, die Reise anzutreten, dass ich mich auch manchmal verloren und überfordert gefühlt hätte. Aber dass ich immer mehr wüsste, wer ich bin, was ich kann und was ich wert bin. »Ich habe angefangen, diese Selbstliebe zu spüren«, sagte ich.

Als ich wieder zu Hause war, waren die Rückmeldungen und der Öffentlichkeitsdruck noch größer als nach *Love Island*. Ich hatte geglaubt und das auch in der Sendung gesagt, dass die Leute da draußen jetzt wieder eine andere Seite von mir gesehen hätten. Ich war zwar emotional gewesen, aber ich hatte auch meinen Mund aufgemacht. Ich war nicht nur die »kleine Melissa«. Doch ich musste verstehen, dass viele Menschen einen am liebsten in Schubladen stecken – wobei der erste Eindruck nur schwer zu revidieren war.

Ich konnte in der ersten Phase nach *Kampf der Realitystars* schlecht damit umgehen, dass im Internet so viel Negatives über mich stand. Dass ich mich verändert hätte, dass ich unsympathischer geworden sei. Musste ich denn immer die kleine Süße sein, damit ich gemocht wurde? Durfte ich nicht wie alle auch mal bitte einen schlechten Tag haben? Ja klar, ich bin klein und nett, aber genauso wie ich nicht vierundzwanzig Stunden am Tag am Weinen bin, so bin ich nicht vierundzwanzig Stunden nett. Wird bei mir eine Grenze überschritten, kann ich auch aus der Haut fahren. Ich dachte: Ich bin doch nicht dazu verpflichtet, das Bild, dass die Leute sich von mir gemacht haben, aufrechtzuerhalten.

In der Öffentlichkeit zu stehen, war eine psychische Herausforderung. Selbst wenn ich es gewollt hätte, ich hätte es gar nicht allen recht machen können. Bei *Love Island* hatte ich zu viel gegessen, bei *Kampf der Realitystars* zu viel geweint, bei der *Bachelorette* zu viel gelacht. Ja gut, bei *Kampf der Realitystars* habe ich wirklich viel geweint. Aber da denke ich mir: Du wirst dafür kritisiert, dass du viel weinst, aber jemand, der eine andere Person am Stück beleidigt, der wird gefeiert.

In was für einer Welt leben wir eigentlich? In einer, in der Menschen nur missgönnen, beschimpfen, aufs Übelste beleidigen und gemein spekulieren? Was ich über mich lesen musste, ausführlich und in allen Details, machte mich fassungslos. Wahlweise war ich schwanger oder nur auf Fame aus, dann war ich wieder zu naiv oder berechnend gewesen. Meine Lippen waren furchtbar oder meine Kleidung. Und immer wieder las ich Kommentare wie: »Lern erst mal was und geh arbeiten.«

Ich hatte bisher immer viel in meinem Leben gearbeitet und Influencen ist auch Arbeit. Zwar ist sie nicht so hart wie auf dem Bau oder im Krankenhaus, aber es ist ein Beruf. Gerade teilen viele Influencer den Song von Justin Bieber: »Lonely«. Warum? Weil viele Leute um einen herum sein können und man trotzdem so einsam sein kann. Ich kann froh sein, dass ich gute Freunde habe, ich beklage mich auch nicht. Ich bin mir über mein Glück bewusst, auch finanziell. Doch Geld alleine macht nicht glücklich, das weiß man mittlerweile.

Um all das zu erleben, muss man nicht berühmt sein. Vielleicht wurdest du auch schon einmal im Netz beschimpft, gemobbt oder sogar bedroht. Um genau zu sein: 85 Prozent aller jungen Leute haben Hate Speech in den sozialen Medien erfahren, so eine Forsa-Umfrage.[17] Facebook stufte 9,6 Millionen Inhalte als Hassrede ein und löschte sie daraufhin, und das nur in den ersten drei Monaten von 2020.[18] Da ist es schwer, Selbstliebe zu pflegen, wenn man ständig mit Negativität oder direkten Angriffen konfrontiert wird. Was du dagegen tun kannst: Melde die Beiträge und lösche sie, wenn du kannst. Blockiere den Nutzer, und wenn du in besonders schlimmen Fällen dagegen vorgehen möchtest, mache Snapshots von den Nachrichten und gehe zum Anwalt. Auf negative Kommentare hilft es, gar nicht zu reagieren.

Du musst dich nicht rechtfertigen oder entschuldigen für das, was du bist.

Natürlich sollst du im Austausch mit anderen bleiben und auch dafür einstehen, wenn du unrecht hattest, wenn du jemanden unabsichtlich verletzt hast, aber die meisten User kritisieren dich nicht konstruktiv, sie kritisieren, um ihr schlechtes Ego zu stärken. Sie fühlen sich dann überlegen, auch wenn sie dies nicht bewusst machen. Du kennst das vielleicht, wenn du mit deiner besten Freundin gelästert hast, das kommt schon einmal vor – wir sind keine Heiligen. Wenn ihr aber über jemand anderen gelacht habt, habt ihr euch dann besser gefühlt? Das ist nur eine kurze Befriedigung, denn du kannst beobachten, dass Menschen, die lästern, sich auch öfter beklagen und selbst bemitleiden. Sie sind mit sich selbst genauso streng wie mit anderen und dann brauchen sie Klatsch und Tratsch, um sich aufzubauen. Das Gleiche passiert, wenn wir Nachrichten schauen, die das Leid anderer in den Mittelpunkt stellen. Ich lese im Grunde gar keine Nachrichten mehr über mich, nur noch Kommentare von Menschen, die sich sozial benehmen können.

Es heißt soziale Medien, also lasst uns alle etwas sozialer sein.

Ich ignoriere alles, was mir meine positive Energie raubt, stattdessen versuche ich, einen Mehrwert zu bieten und Instagram mitzugestalten. Ich spreche beispielsweise über meine Probleme und beantworte Fragen dazu. Auch wenn das sehr privat ist, aber mittlerweile weiß ich, wie viel Privates ich preisgeben möchte und was andere motivieren könnte und was reiner Voyeurismus ist. Überleg dir doch auch einmal: Was könntest du beitragen, damit Instagram, Twitter und andere soziale Plattformen zu Orten werden, an denen wir uns inspirieren und austauschen können?

Ganz oft ist es ja wichtig, sichtbar zu sein. Für die Vielfalt. Plus Size Models bilden einen Gegenpol zu der früheren Modelindustrie, #MeToo wurde über Twitter berühmt, viele Menschen mit Behinderungen haben gezeigt, was sie alles können, und viele Gründerinnen, was sie entwickelt haben. Wenn man sich zeigt, wird man wahrgenommen. Es gibt auch eine Studie, die besagt, dass Menschen, die aktiv an den sozialen Medien teilnehmen, statt nur zu folgen, zufriedener sind.[19]

Wenn man jedoch nur aus einem Mangel heraus sichtbar ist, einem Mangel an Anerkennung, insgeheim jedes Like und jeden Follower zählt, wird man damit kaum sich selbst und schon gar nicht andere glücklich machen. Die sozialen Medien verführen zu einer gewissen Selbstdarstellung, das ist nicht zu leugnen. Doch für viele wird das zum Druck, Druck, sich selbst zu optimieren, zu gefallen. Essena O'Neill, ein australisches Model, das über Instagram berühmt wurde. erlitt dann aber einen Burn-out und meldete sich aus allen sozialen Medien ab, um, wie sie sagte, ihre Jugend nachzuholen. Sie erzählte, dass sie für ihre Fotos, die oftmals nach Schnappschüssen aus dem realen Leben ausgesehen hatten, oft hundert Versuche gebraucht habe.

Essena O'Neill ist kein Einzelfall. Du kennst es vielleicht von dir selbst und auch ich lade nicht das erstbeste Foto hoch, das entstanden ist. Der Winkel muss stimmen, manchmal lege ich einen Filter drauf und ich lasse euch teilhaben an vielen schönen Momenten. Man muss sich bewusst machen, dass das eine Auswahl ist, in dein Album klebst du ja auch eher das Foto von dir und deinem Freund vor einem Sonnenuntergang, nicht aber von dem Streit mit ihm in der langweiligen Wohnung. Und dann kommt noch dazu, dass viele sich bis zur Unkenntlichkeit photoshoppen, und das finden wir dann schön. Selbst die Instagramer haben dann Angst, auf ein Event zu gehen, weil auffliegen könnte, dass ihre Taille gar nicht so dünn ist, ihr Booty gar nicht so groß und ihre Zähne gar nicht so weiß sind. Und obwohl wir wissen, dass vieles auf Facebook oder Instagram Fake ist, ziehen wir Vergleiche. Studien zeigen, dass dies zwangsläufig geschieht und dass wir uns danach schlecht fühlen.[20]

Aber dafür brauchen wir eigentlich gar keine Studien, das merken wir selbst. Beobachte dich doch einmal, wenn du das nächste Mal durch Instagram scrollst, es ist so schleichend, dass man es kaum mehr merkt: Ach, warum schaffe ich es nicht, mir mal eine Buddha Bowl zum Mittagessen zu machen? Die ist doch so alt wie ich, was bitte schön hat die schon alles im Leben gemacht? Ich war so lange nicht mehr im Urlaub, immer muss ich arbeiten. Schlimmstenfalls macht sich der Einfluss nach dem Scrollen bemerkbar. Du schaust in den Spiegel und denkst, wie fett doch meine Oberschenkel sind, du sitzt auf dem Sofa und denkst, wie langweilig mein Leben ist, du redest mit deiner Katze und fragst dich, warum da kein Mann ist. Anstatt einfach zu verstehen, dass es bei den anderen hinter den Kulissen auch ganz anders aussehen kann. Nämlich so, wie bei dir.

Akzeptiere deine Gefühle, sei es Traurigkeit, Neid oder die Sorge, dass du es nie so weit bringen wirst wie die anderen auf Instagram. Dann entwickle ein realistisches Bild von dem, was du siehst, indem du dich auf dich selbst konzentrierst, dich stärkst und dir immer wieder in Erinnerung rufst, dass nicht alles Gold ist, was glänzt. Du schaust nur von außen zu, wünsch dir nicht, mit der Person tauschen zu wollen, die da so glücklich in die Kamera strahlt. Und wenn du merkst, dass dich ein Feed runterzieht, dann lösche ihn und suche dir inspirierende Beiträge. Wie gesagt, nicht alles ist schlecht in den sozialen Medien. Es gibt über fünfundfünfzig Millionen Beiträge auf Instagram mit dem Hashtag #selflove und viele Bewegungen wie Body Positivity (Körperakzeptanz) und Black Lives Matters (gegen Gewalt gegen Schwarze) werden diskutiert.

Und wenn dir alles zu viel werden sollte oder auch einfach nur als Selbstexperiment: Warum versuchst du es nicht mit Digital Detox?

Sozusagen einer digitalen Fastenkur. Diese kann dir helfen, achtsamer mit dir selbst umzugehen, ein bisschen Abstand zu gewinnen und vor allem Zeit für Erlebnisse zu haben, aber auch für Ruhe. Probiere es aus: Entferne alle technischen Geräte aus dem Schlafzimmer und schaue zwei Stunden vor dem Ins-Bett-Gehen auch kein Fernsehen oder auch nicht aufs Smartphone. Das blaue Licht der Displays soll deinen Schlaf stören. Wenn es möglich ist, checke deine E-Mails und Nachrichten nur noch einmal am Tag. Fortgeschrittene verzichten einen Tag oder auch ein Wochenende auf alle digitalen Errungenschaften: Smartphone, Smart-TV, Tracker, Laptop. Du wirst merken, wie lange ein Tag sein kann.

Versuch deinen Medienkonsum auch im Alltag zu limitieren. Es gibt Apps, die dich warnen, wenn du etwa länger als eine halbe Stunde surfst. Du kannst dir auch in einem gewählten Zeitraum den Zugriff auf das Internet verbieten. So kannst du dich wunderbar konzentrieren und dir eine andere Beschäftigung suchen. Schaue mal kein Netflix, sondern kuschle mit deinem Freund oder deiner Freundin, beginne ein DIY-Projekt oder langweile dich einfach mal, das tut auch gut. Denn ständig werden wir mit Informationen gefüttert. Lies mal eine Woche lang keine Nachrichten, die Welt wird bis nächste Woche nicht untergegangen sein. Und wenn du doch gerne informiert bleibst: Geh morgens zum Kiosk, kauf dir eine Zeitung und lies sie in aller Gemütlichkeit bei einem frisch aufgebrühten Kaffee. Das Zukunftsinstitut, eine europäische Einrichtung, die über Trends forscht, rät und das rate ich dir auch: »Wenn man in alltäglichen Situationen – an der Bushaltestelle, beim Arzt, beim Autofahren – den Geist aufmerksam wachhält, ohne ständig an seinem Smartphone zu fummeln, hat man schon einen gewaltigen Schritt zur Freiheit geschafft.«[21]

Sei dein eigenes Vorbild

Du weißt jetzt, dass es nicht förderlich ist, sich mit anderen zu vergleichen. Doch nicht nur Instagram verleitet dazu, auch im Alltag, in der Schule, im Fitnessstudio, in der Clique, auf der Leinwand, im Fernsehen, in Zeitschriften – überall werden wir mit Bildern konfrontiert, die unser eigenes Selbstbild manipulieren können. Die Supermutter, die alles wuppt, der Überflieger in der Schule, die Freundin mit der glücklichen Beziehung. Hallo, Selbstzweifel!

Als ich in die Villa auf Mallorca kam und diese offenen und schönen Frauen entdeckte, da passierte es auch mir. Ich haderte, ob ich mich einfügen oder sogar mithalten könnte, dabei fehlte es mir an rein gar nichts. Ich war nicht auf den Kopf gefallen und hässlich war ich ebenfalls nicht. Außerdem hatte ich keine körperlichen Einschränkungen und was die Schönheitsideale betraf – ich hatte keinen Grund, mich zu beklagen. Und trotzdem war da eine Unsicherheit, selbst wenn ich mich damals viel schöner als früher fand. Es gab eine Zeit, die zum Glück vorbei ist, in der mein Selbstbild etwas kompliziert war. Ich fand es schwer, in den Spiegel zu schauen und nicht zuerst die Makel zu sehen. Die Brüste zu klein, die Beine zu dick, an der Hüfte ein paar Gramm (!) zu viel. Tatsächlich wog ich mich täglich, als würde eine niedrigere Zahl, ein niedrigeres Gewicht mir sagen können, wie schön ich sei.

Wie ist das bei dir? Würdest du sagen, dass du dich schön findest? Ich hoffe doch, aber wenn du weiblich bist und das tust, gehörst du zu den glücklichen vier Prozent. Ja, du hast richtig gelesen, nur vier Prozent der Frauen weltweit bezeichnen sich als schön.[22] Inderinnen lassen sich die Haut aufhellen, Asiatinnen die Lider operieren, Afroamerikanerinnen die Haare glätten, Deutsche bräunen sich. Alle neigen dazu, das haben zu wollen, was sie nicht haben. An sich ist manches davon in Ordnung, ich selbst gehe mindestens einmal in der Woche ins Solarium, mir gefällt es, ich fühle mich in der Wärme wohl.

Aber einiges ist auch kritisch zu hinterfragen. Ein Schönheitsideal sollte nicht dazu führen, dass man sich, so wie man ist, nicht mehr wohlfühlt. Als ich nach meinem Hauttumor, der übrigens nicht durch das Solarium kam, wie mir der Arzt versichert hatte, für sechs Wochen auf die Sonne verzichten musste, fühlte ich mich trotzdem gut beim Blick in den Spiegel. Wie traurig ist es aber, wenn die meisten Frauen ihr Spiegelbild kaum ertragen. Vier Prozent, was ist das nur für eine Zahl? Betrachtet man nun aber nur das Schönheitsempfinden der Deutschen und zieht eine andere Studie heran, ist die Lage immerhin etwas entspannter: 41 Prozent der Frauen und 53 Prozent der Männer sind mit sich zufrieden.[23] Aber richtig tolle Prozentsätze sind das auch nicht. Denn sind wir nicht schön, so wie wir sind? Braune Haut, blasse Haut, rote Haare, lockige Haare, dünn, kurvig, klein oder groß?

Stell dir vor, du gehst einen Strand entlang, das Wasser zieht sich vor und zurück und legt viele Steine frei. Du fängst an, sie zu betrachten, sie zu sammeln. Alle sind unterschiedlich, manche haben rote Punkte, einige abgebrochene Kanten, andere sind spiegelglatt. Wieder andere dagegen sind rund oder rechteckig. Aber du findest sie alle schön, gerade weil sie so interessant sind, sonst hättest du sie ja nicht aufgehoben und eingesteckt. Du würdest nicht auf die Idee kommen und sagen: »Igitt, schau dir nur die roten Punkte und die Dellen an.« Aber bei uns Menschen, bei uns selbst sind Sommersprossen oder Cellulite nicht immer wünschenswert. Ja, da sprechen wir sogar von Problemzonen. Hat ein Stein Problemzonen?

Wir Menschen sind Teil dieser Natur. Dieser vielfältigen, schönen, staunenswerten Natur. Wir alle sind unterschiedlich und doch so einzigartig schön.

Sich das klarzumachen ist gar nicht so leicht, das gebe ich zu. Wir sind aufgewachsen mit Vorstellungen, wie ein Mann oder eine Frau zu sein haben, ohne Höcker auf der Nase, 90–60–90 und, und, und. Es ist ein Diktat, ein Schönheitsdiktat. Verbunden mit einer Liste von Dingen, die uns zu verstehen geben, ab wann wir uns schön fühlen dürfen. Als wäre die Liste ein Standardwerk, an dessen Inhalt nicht zu rütteln ist. Viele Frauen wünschen sich eine Stupsnase und Männer eine gerade Nase. Diese Schönheitsideale existieren nicht erst seit heute, sie haben sich im Lauf der Zeit aber gewandelt. So hatte Kleopatra eine lange Nase gehabt, die als schön galt, und Männer mit großen Nasen galten lange als nicht hässlich, da sie Potenz versprachen. Es lohnt sich, noch einen genaueren Blick auf die Geschichte zu werfen, um zu sehen, wie austauschbar Schönheitsideale sind.

Vor etwa 25 000 Jahren wurde die Venus von Willendorf geformt, eine kleine Figurine, aber nicht so wie die Statuen, die wir kennen, den »David« von Michelangelo oder die »Venus« von Sandro Botticelli. Die Venus von Willendorf ist zwar kurvig wie die von Botticelli, aber, sagen wir, letztendlich sehr viel kurviger. Sie hat einen enormen

Bauch, der sich in Falten legt, und große, hängende Brüste. Forscher meinen, dass die Menschen aus der Frühzeit unserer europäischen Geschichte genau dies schön fanden. Fettleibigkeit – und die Figurine ist nach unserem heutigen Verständnis dick – könnte ein Statussymbol gewesen sein.

In der Antike war es ähnlich, doch insgesamt bevorzugte man athletische Silhouetten. Im Mittelalter rückte man wegen des Christentums den Körper nicht in den Vordergrund (man sollte an andere Dinge denken) und doch gab es einiges, was als attraktiv galt. Männer sollten wie Knaben aussehen und durften einen kleinen Bauch haben, die Frauen eine hohe Stirn und Brüste in Apfelform. Dafür zupften sich einige Frauen den Haaransatz aus und Mütter legten ihren Töchtern Bleiplatten auf die Brust, damit diese nicht zu groß wurde. Auch im 17. Jahrhundert grenzte das Schönheitsideal fast an Folter. Die Korsetts wurden teilweise so stark geschnürt, dass Frauen in Ohnmacht fielen. Die Männer hingegen mochten lockige Perücken, Absatzschuhe und Make-up. 300 Jahre später, um 1900, hielt sich bei Frauen der Trend zur Wespentaille, aber das Äußere des Mannes wurde zurückhaltender. Nur der Bart durfte gerne etwas extravaganter ausfallen, Hauptsache, gepflegt. 1950 dagegen waren wieder Kurven und breite Schultern angesagt. Wieder fünfzig Jahre später sollte die Frau dünn und der Mann muskulös sein.

Der Exkurs zeigt, dass ein Schönheitsideal von Menschen gemacht wurde und wird. Wären wir in einer anderen Zeit, in einem anderen Land oder auf dem Mond geboren worden, wir hätten die schönsten Wesen sein können, die wir ja auch sind. Nun ist es aber so, dass wir Menschen nicht im luftleeren Raum leben. Wir sind soziale Wesen, die sich an anderen Menschen, an Meinungen, an Trends orientieren. Was wir heute schön finden, finden wir wegen anderer Menschen schön. Schon die Achseln zu rasieren oder zum Friseur zu gehen ist mehr als reine Körperpflege, es ist Teil eines vorherrschenden Ideals, einer Etikette. So gehört es sich in vielen Jobs, im Anzug oder im Kostüm zu erscheinen. Wer Erfolg als Bankerin oder Vorständin haben möchte, passt sich der Norm an. Menschen waren schon seit jeher Herdentiere, deshalb ist es in manchen Fällen angebracht, sich anzupassen.

Die Frage ist nur: Was bist du bereit zu tun, um einer Norm zu entsprechen? Jemand, der täglich ein paar Salatblätter und eine Ananas isst, entspricht mit Size Zero dem Schönheitsideal der Modebranche. Aber der Preis ist hoch, zu hoch. Jetzt gibt es aber die Menschen, die drei Döner wegputzen können und trotzdem einen zarten Körperbau haben, doch das ist etwas anderes. Wir sollten uns eine weitere Frage stellen: Macht es uns glücklich, einem Ideal zu entsprechen, oder eher unglücklich? Jemand, der lieber Punk oder Hippie wäre, aber sich nicht wirklich traut, für den wäre es wohl eine Qual, sich jeden Morgen eine Krawatte zu binden oder einen strengen Dutt zu machen. Könnte der- oder diejenige sich von den Vorstellungen lösen, könnte er oder sie sich nicht nur anders kleiden, sondern auch anders leben. Etwa als Hippie zum digitalen Nomaden werden und auf Weltreise gehen. Als Punk mit Freunden Musik hören und im sozialen Bereich arbeiten, wo der Irokesenschnitt egal ist. Es gibt also Bereiche, in denen etwas mehr akzeptiert ist als in anderen. Ist das aber nicht einengend? Denn was ist, wenn du kein Punk bist, aber Lust auf einen Sidecut hast? Fürstin Charlène von Monaco hatte sich eine Seite ihrer Haare abrasiert, und die Medien diskutieren, ob das »nun cool oder grässlich ist«.[24] Ernsthaft? Ich sage dazu: »That's none of your business – das geht Sie nichts an.« Oder eine deutsche Redewendung: »Leben und leben lassen.« Das ist mein Credo.

Ich verstehe nicht, was es den Leuten gibt, wenn sie sich einmischen oder negative Kommentare ablassen. Ich kann doch niemandem vorschreiben, wie er zu leben, was er zu machen oder wie er auszusehen hat. Auch wenn es um Schönheitsoperationen geht – man kann darüber eine sachliche Diskussion führen. Aber warum muss man sich mokieren? Menschen sollen andere Menschen sein lassen, so wie sie sein wollen. Sie stecken nicht in der Haut des anderen und sollten sich kein Urteil über ihn erlauben dürfen. Und trotzdem debattieren sie, als wären sie Geschworene in einem Gerichtsverfahren. Welche ästhetischen Eingriffe sind vertretbar und welche nicht? Eine Wucherung aus Fett am Nacken entfernen? Total in Ordnung. Nach einer großen Abnahme eine Hautstraffung vornehmen? Kann man verstehen. Transmenschen, die sich in ihrem Körper nicht wohlfühlen, operieren? Kann man tolerieren. Wenn die Person jetzt aber in den Augen der anderen nur kleine Makel hat? Schuldig im Sinne der Anklage!

Sie stülpen ihre Meinung anderen über. Mit einer kleinen Brust kann man leben. Deine Nase ist nicht breit. Jetzt frage ich diese Menschen, jetzt frage ich dich, denn wir alle haben manchmal urteilende Gedanken: Weißt du, wie groß der Leidensdruck ist? Musst du damit leben oder die Person? Weißt du, was sie durchgemacht hat? Du kannst nicht wissen, wie es in den Menschen aussieht, die uns Tag für Tag begegnen.

Sei verständnisvoll, respektvoll, lächle, statt abwertend zu schauen. Mach ein Kompliment, verzichte auf spöttische Bemerkungen. Damit kannst du im Leben anderer etwas verändern.

Du kann durch Toleranz das Leben anderer verändern, aber auch dein eigenes Leben. Sei tolerant zu dir selbst. Wenn du dich nicht so schön findest, kannst du attraktiver auf andere wirken, wenn du angenehme Charakterzüge an den Tag legst. Der Psychologe Paul Bloom von der Yale University meint, dass anhand der Freundlichkeit eines Menschen seine Attraktivität bewertet wird.[25] Und wer weiß, wenn alle so denken würden, gäbe es vielleicht auch weniger Schönheitsoperationen. Ich sage weniger, weil ich glaube, dass nicht jeder, der sich operieren lässt, unter einem geringen Selbstwert leidet. Ich mochte mich, aber meine Brüste fand ich nicht so optimal, größere Brüste fand ich schöner. Das hatte sicherlich mit meiner Sicht auf die Dinge zu tun, aber ich sagte ja, wir leben nicht im luftleeren Raum.

Wir haben Ideale und können trotzdem selbst entscheiden, wie wir aussehen wollen. Deshalb ließ ich mir mit Anfang zwanzig ein größeres Körbchen machen. Auch für dieses Ziel hatte ich die drei Jobs. Die OP an sich war problemlos, eineinhalb Wochen fühlte es sich danach wie nach einem Muskelkater an, und dann war ich happy. Ich gehe damit offen um und außer dieser Korrektur habe ich mir Hyaluronsäure in die Lippen spritzen lassen, sonst sind sie asymmetrisch. Zudem habe ich Veneers aufbringen lassen. Teile des Schneidezahns brachen dauernd ab. Der Arzt musste ihn immer wieder abschleifen und mit Gel auffüllen – und trotzdem splitterte er wieder. Die Verblendschale war da eine gute Lösung, die mir optisch auch für die anderen Zähne zusagte. So fühle ich mich noch wohler und gefalle mir noch besser. Denn Selbstliebe bedeutet für mich nicht, keine Bedingungen zu stellen, möglicherweise sehen andere das anders.

Ich finde, du solltest dich, so wie du bist, fantastisch finden. Doch du solltest dich auch verändern und noch fantastischer fühlen dürfen. Ich meine, ich bin Make-up- und Hairstylistin, ich habe schon immer Vorher-Nachher-Geschichten gemocht. Weil ich beobachtet habe, was Schminke, ein neuer Style oder Mode mit Menschen machen kann. Sie sind eine großartige Möglichkeit, Menschen lebensfroher und selbstbewusster zu machen. Natürlich ist das nur eine Option, denn Selbstbewusstsein kommt vor allem von innen. Aber wie heißt es doch? Kleider machen Leute. Manche trauen sich gar nicht, das anzuziehen, was sie möchten. Doch, mach es. Trage eine bunte Hose, schminke dir Smokey Eyes, kaufe dir einen Hut. Und fühle dich gut und wenn nicht, schminke dich ab oder gib den Hut in eine Theaterkiste. Nimm dich an, wie du bist, bleib du, aber erlaube einem Teil von dir, dich neu auszuprobieren oder zu verändern. Keiner hat gesagt, dass man alles an sich lieben soll, jede einzelne Eigenschaft, aber du solltest liebevoll mit dir umgehen. Wenn du willst, kannst du muskulöser werden oder abnehmen. Oder besser mit Emotionen oder Stress umgehen. Es ist nur wichtig, dass du bei Veränderungen abwägst und analysierst, für wen oder was du es tun möchtest. Man muss ehrlich zu sich sein. Ich zum Beispiel habe die Beauty-Eingriffe nur für mich gemacht. Hätte ich sie für die anderen gemacht, wäre ich mit den Brüsten oder Lippen immer noch unzufrieden. Denn einige Menschen sagen: »Im natürlichen Look bist du schöner.« Ich antworte darauf: »Ja, von mir aus, aber du bist nicht ich.«

In meiner Kindheit und Jugend wurde ich oft nicht akzeptiert, wie ich war oder wie ich sein wollte. Ich mochte es, mir die Haare wasserstoffblond zu färben, den Mut im Styling auszudrücken, und als ich mich zu stark schminkte, fielen Beleidigungen – und das nur, weil ich nicht ins Weltbild bestimmter Personen passte. Das hinterließ Verletzungen, die ich jedoch in eine Kraft umgewandelt habe. Dieser Moment hat etwas Gutes in mir bewirkt. Jemand anderen zu akzeptieren, wie er ist, gehört zu meinen Werten. Das ist einer meiner wichtigsten Werte.

Du musst nicht alles schön finden, aber wenn du alle Menschen akzeptierst, wie sie sich schön finden, wird die Welt ein besserer Ort.

Und weil wir Menschen so unterschiedlich sind wie Steine am Strand, sollten wir auch respektieren können, dass jeder Mensch unterschiedliche Schönheitsvorstellungen hat. Da sollten wir eine Frau, die Hoodies und Kurzhaarschnitt trägt, genauso akzeptieren wie eine Frau in knallengen Kleidern und mit Extensions. Und natürlich auch den Mann, der Blümchenleggins mag, sowie den, der Vollbart trägt. Das muss niemand schön finden, aber es wird immer welche geben, die das tun – die Familie, die Freunde, Partner oder auch Fremde, von denen man es nie erwartet hätte. Ich habe einen Arm voller Tattoos, ein Sleeve-Tattoo, das ist nicht überlebenswichtig, ähnlich wie eine Schönheits-OP. Aber ein Sleeve-Tattoo hatte ich mir schon lange gewünscht, auch wenn ich wusste, dass es manche befremdlich finden würden. Aber es gab dann ältere Menschen, die das interessant fanden. Ich bin nicht auf das Kompliment angewiesen und doch zeigen solche Reaktionen, dass Menschen mit der Zeit toleranter werden. Bedenkt man, dass vor nicht allzu langer Zeit Tattoos noch mit Häftlingen und Seefahrern assoziiert wurden, ist das eine große Wandlung. Heute ist das nicht mehr so, weil Menschen aus jeder Bevölkerungsschicht und Altersgruppe tätowiert sind. Weil sich immer mehr Menschen trauten, sich ein Tattoo stechen zu lassen, wurde es zwar nicht flächendeckend zum Trend, muss es ja auch gar nicht, aber es wurde normal. Es wurde sichtbar. Als immer mehr Frauen die Universität besuchten, Schwarze im Bus vorne saßen und Schwule sich outeten, wurde all das auch – Gott sei Dank – normal.

Wenn du also selbstbewusst vorangehst und das tust, wozu du Lust hast – sofern du niemanden verletzt –, werden die anderen sich daran gewöhnen müssen. Orientiere dich nicht daran, was gesellschaftlich gern gesehen wird, sondern an dir selbst. Du fühlst dich mit deinem Körper und deinem Leben im Einklang, wenn du dir selbst treu bist. Das heißt, dass du dein eigenes Vorbild sein solltest. Ob äußerlich oder innerlich. Natürlich kannst du das ein oder andere an anderen Menschen inspirierend finden. Die erste Frau, die studierte, hat bestimmt auch andere ermutigt, den gleichen Weg zu gehen.

Aber das sind einzelne Aspekte. Nimmt man aber eine Person komplett als Vorbild, verleitet das dazu, diese auf ein Podest zu stellen und sich selbst ganz unten, klein und schmachtend, denn man würde eh nie so perfekt sein wie die Identifikationsfigur. Das hemmt ungemein und schafft eine Wettbewerbssituation, aus der man meistens als Verlierer hervorgeht. Entweder ist man schlechter oder eine Kopie. Aber wer möchte schon gekünstelt oder mittelmäßig sein? Und so driftet man immer weiter ab in ebenjene Vergleiche, obwohl wir nicht einmal wissen, wer die Person wirklich ist. Trotzdem wollen wir so sein wie sie. Weil sie so perfekt wirkt, aber niemand ist perfekt, auch nicht du. Also kannst du es gleich sein lassen, es zu versuchen, so sein zu wollen wie sie. Es ist so erleichternd zu wissen, dass du gut genug bist.

»Ja, aber …«, könntest du entgegnen. Ich kann nun wirklich nicht so gut singen wie Céline Dion oder Fußball spielen wie Lionel Messi. Es ist wie Äpfel mit Birnen vergleichen. Jeder Mensch hat andere Voraussetzungen, körperliche sowie soziale. Einer hat eine gute Stimme und der andere nicht. Einer ist zierlicher gebaut, der andere hat eine breite Hüfte. Ich habe auf meinem Arm zwei Tattoos von Ikonen der Fünfzigerjahre. Einmal Audrey Hepburn. Sie war sehr schlank, der österreichischer Drehbuchautor, Filmregisseur und Filmproduzent Billy Wilder meinte einmal über sie: »Dieses Mädchen wird den Busen noch völlig aus der Mode bringen.« Der Busen war damals ziemlich in Mode gewesen, und trotzdem liebten Menschen Audrey Hepburn wegen ihres Stils, ihres Charakters und der Filme. Die zweite Schauspielerin auf meinem Oberarm ist Marilyn Monroe. Sie entsprach dem Ideal oder machte sich selbst zum Ideal. Im prüden Amerika brachte sie mit ihrem Sex-Appeal frischen Wind.

Monroe und Hepburn waren zwei völlig unterschiedliche Menschen und ich wurde einmal gefragt, ob ich Porträts auf meinem Arm von ihnen habe, weil das meine Vorbilder seien. Nein, ich habe keine Vorbilder und ich weiß nicht, ob die beiden das hatten. Aber mir kommt es so vor, als wollte die eine nicht wie die andere sein, und doch hatten beide Frauen Erfolg damit, wie sie waren. Hätten sie sich an anderen ausgerichtet, weiß ich nicht, ob sie in Erinnerungen geblieben wären. Man kann sie gut finden oder nicht, für mich sind diese zwei Frauen interessante Persönlichkeiten. So auch Charlie Chaplin, den ich übrigens auch auf dem Arm mit den beiden Damen verewigt habe. Dieser soll eines der schönsten Gedichte über Selbstliebe zu seinem siebzigsten Geburtstag am 18. April 1959 vorgetragen haben, die Verse selbst stammen aber von der US-amerikanischen Autorin Kim McMillen.[26] Es lohnt sich, das ganze lange Gedicht zu lesen. Aber in Zusammenhang mit den Vorbildern sind diese Auszüge bereichernd:

Als ich mich selbst zu lieben begann,
habe ich aufgehört, mich nach einem anderen Leben zu
sehnen,
und konnte sehen, dass alles um mich herum
eine Aufforderung zum Wachsen war.
Heute weiß ich, das nennt man REIFE …

Wir brauchen uns nicht weiter vor Auseinandersetzungen,
Konflikten und Problemen mit uns selbst und anderen
zu fürchten,
denn sogar Sterne knallen manchmal aufeinander
und es entstehen neue Welten.
Heute weiß ich: DAS IST DAS LEBEN!

Ganz in diesem Sinne sage ich nun: Sehne dich nicht weiter nach einem anderen Leben, das ist dein Leben, das ist das Leben. Du musst schauen, was du aus deinen Voraussetzungen machen kannst und willst. Es gibt diesen Spruch, ja, ein Kalenderspruch, aber ein wahrer: »Sei die beste Version deiner selbst.« Du kannst dich Schritt für Schritt steigern und aus dem, was du geschenkt bekommen hast, Wunderbares kreieren. Aber das gelingt dir nur, wenn du dich stärkst und anfängst zu sehen, was du hast und was schön an dir ist. Schau in den Spiegel und finde etwas, das dir gefällt. Schau dich überhaupt öfter an, ganz ohne Vergleiche. Und finde zehn Dinge, die du an dir liebst, körperliche oder charakterliche Merkmale. Wenn du das nächste Mal denkst, dass an dir so gar nichts liebenswert ist, lies dir die Liste vor. Ich zum Beispiel liebe an mir besonders meine Augen, mein Lachen, meine ausgeprägte Loyalität, meine Ehrlichkeit und meine Fähigkeit zur Empathie. Wenn es dir am Anfang schwerfällt, etwas zu finden, frage eine Freundin oder jemanden, der dir wohlgesinnt ist: Was magst du an mir? Was findest du an mir schön? Und dann kannst du auch das Leben führen, das du möchtest und das du willst.

Eine Depression und
die Stärke in der Sanftheit

Leider gehört zum Leben auch das dazu: das Knallen der Sterne. Und das tut erst einmal weh. An dieser Stelle in meinem Leben, nach *Kampf der Realitystars,* hatte ich begriffen, dass Selbstliebe ein nie aufhörender Prozess ist, den ich immer wieder neu durchlaufen muss. Ich durfte nicht von mir enttäuscht sein, Selbstliebe heißt auch Selbstmitgefühl. Sich nicht fertigmachen, wenn einem etwas schlechter gelingt. Aber es fiel mir schwer, ich hatte inzwischen andere, höhere Erwartungen an mich. Ich war doch nicht mehr das schüchterne Mädchen, sondern die starke Frau – warum also ging ich wieder einen Schritt zurück? Warum konnte ich mit dem Druck der Öffentlichkeit so schlecht umgehen, warum fühlte ich mich auf einmal wieder so klein? Warum schaffte ich es einfach nicht, mit meiner Beziehung Schluss zu machen, sondern ließ es zu, dass mein Partner mit mir Schluss machte? Nach *Kampf der Realitystars* war es nämlich vorbei mit der Beziehung.

Tagelang stellte ich mir diese Fragen, ich war in einem Gedankenkarussell gefangen. Immer wieder kreiste ich um einzelne Aussagen, die überhaupt nicht weiterführten: »Ich fühle mich schlecht, alles ist schlecht.« Aber es war kein Liebeskummer, eher eine Lebenskrise. Ich schminkte mich für ein Foto für meine Follower, aber danach weinte ich Tränen aus Mascara. Ich schminkte mich ab und fühlte mich so leer. Ich wollte meinen Followern nichts vormachen, nicht selbst Teil der Fake-Welt sein, die ich so sehr hasste. Ich glaube aber, dass ich mir selbst etwas vorspielen wollte. Mir sagen wollte, dass alles okay sei, aber ich fühlte, dass nichts okay war.

Doch ich wollte nicht noch mehr Angriffsfläche bieten, ich hatte diese Beziehung einfach zu früh öffentlich gemacht, deshalb sprachen viele darüber und würden wahrscheinlich noch mehr darüber sprechen, hätte ich wahrheitsgemäße Fotos gepostet. Und dann wäre ich wieder die Melissa, die sowieso schon zu viel heulte. Ich musste in Zukunft überlegen, wie schnell und ob ich private Details teilte. Meine Freunde versuchten mir zu helfen, mir beiseitezustehen. Sie waren der Anker, wenn ich Angst hatte, in der Oberflächlichkeit der Öffentlichkeit den Bodenkontakt zu verlieren. Sie kamen zu mir nach Hause, mein bester Freund, meine beste Freundin, und sprachen über dies und jenes. Über Dinge, die mich aufmuntern sollten. Aber ich schaffte es nicht, ihnen zuzuhören, sondern fing sofort mit der gleichen Leier an. Immerhin schaffte ich das. Genug Kraft aufzubringen, um mich über das unfaire Leben zu beschweren. Wie schlecht ich mich fühlte.

Als es so Wochen, beinahe Monate weiterging, wusste ich: Das war nicht nur die Melissa, die hin und wieder einmal emotional wurde. Dafür weinte ich zu oft, so oft, dass meine Augen gar nicht mehr abschwollen. Ich fühlte einen Druck auf der Brust und irgendwann schminkte ich mich auch nicht mehr. Ich lag herum, nicht auf dem Boden und doch am Boden, als wäre jeglicher Mut, jede Hoffnung aus mir gewichen. Das war eine Krankheit, die mich in Besitz nahm und nicht mehr losließ. Ja, das war eine Depression. Ich spürte das, das war ähnlich wie in der Zeit als Jugendliche, als ich zu dem Coach kam.

Aber woher wusste ich das mit der Depression? Was ist eine Depression überhaupt? Das Wort leitet sich vom lateinischen *deprimere* ab, was so viel heißt wie »herunter-

oder niederdrücken«. Und so fühlte es sich auch an, als würde eine schwere Last auf mir liegen. Außerdem fehlten die Lebensfreude, das Interesse, der Antrieb. Aber hatte nicht jeder mal diese Phasen, in denen man zu nichts Lust hat, in denen alles grau erscheint und man höllisch schlechte Laune hat? Im medizinischen Sinne muss diese Laune über mehrere Wochen anhalten, mindestens zwei.[27]

Doch ich ging nicht zum Arzt, was ich vermutlich hätte tun sollen. Aber ich hatte auf meiner Reise zu mir selbst ein mächtiges Tool gelernt, das ich erst einmal anwenden wollte. Ich besann mich darauf, dass eine Stärke in meiner Emotionalität, meinem Mitgefühl, also meiner Sanftheit lag. Dass dieses Weinen mir sagen würde, was ich zu verändern hatte. Und wenn das nicht klappen sollte, dann konnte ich immer noch professionelle Hilfe in Anspruch nehmen. Müsste es wohl auch. Jedenfalls versuchte ich, mich aus dem Teufelskreis herauszuholen, denn je mehr ich mich dafür verurteilte, dass ich so fühlte, wie ich fühlte, desto schlimmer wurde ich in ihn hineingezogen. Ich musste aufhören, mir zu sagen, dass meine Traurigkeit, meine Gefühle falsch seien, auch wenn ich sie nicht haben wollte.

Gefühle sind nie falsch, sie weisen dir nämlich den richtigen Weg.

Warum ich glaube, dass dich jedes Gefühl auf den richtigen Weg bringt? Ein paar Beispiele:

Angst: Stell dir vor, du wärst nie ängstlich. Dann würdest du einen Berg besteigen, ohne genügend Sicherheitsvorkehrungen zu treffen, und womöglich sterben. Krass ausgedrückt. Durch unsere Angst entwickeln wir aber ein anderes Bewusstsein: Es wäre besser, jemandem Bescheid zu geben, wo ich bin und wann ich zurück sein möchte; ich sollte einen Bergführer mitnehmen und mich um eine Ausrüstung kümmern. Die Angst kann also durchaus nützlich sein. Denn hätten wir dieses Gefühl nicht, wären wir wohl schon in der Steinzeit ausgestorben. Sie hat es möglich gemacht, dass die Menschen vor einem Säbelzahntiger geflohen sind, wenn sie einen entdeckt haben. Mehr als das. Sie sind schneller gerannt als sonst. Das weiß ich aus eigener Erfahrung: Als der Straßenhund mich verfolgt hat, bin ich zur Spitzensportlerin geworden. Das lag an den Hormonen, die unser Körper ausschüttet, wenn wir uns in Gefahr wissen. Der chemische Cocktail ist kompliziert, wichtig ist, zu verstehen, warum du Angst hast. Und du solltest hinterfragen, ob sie gerechtfertigt ist. Du hast Angst vor einer Präsentation? Da hilft dir vielleicht, dich besser vorzubereiten. Zugleich solltest du dich auch beruhigen, denn am Tag der Tage hilft dir die Angst nicht weiter.

Wut: In dir brodelt es, weil der Partner sich tagelang nicht meldet, der Nachbar Witze über deine Hautfarbe macht, die Schwester sagt, dass du ja wieder ein paar Kilo zugenommen hättest. Würdest du den Ärger herunterschlucken und ignorieren, hätten die anderen freie Bahn. Dann aber bricht der Ärger später aus dir heraus. Bevor er wie ein Vulkan deine Mitmenschen und deine Psyche mit Lava bedeckt, ist es besser, in sich hineinzuhören. Frage dich: Warum ärgert mich das jetzt? Dann kannst du sachlich und selbstbewusst deine Position vertreten und Grenzen ziehen.

Traurigkeit: Wenn du traurig bist, hat das auch einen Grund. Hast du jemanden verloren, fühlst du dich einsam. Vielleicht hast du auch davon gehört, dass Menschen, die nach einem Verlust nicht trauern, auch nicht heilen. Akzeptierst du den Schmerz, kannst du wieder die Freude in dein Leben lassen. Wenn du dazu bereit bist. Denn Trauer braucht ihre Zeit. Die Zeit heilt zwar nicht alle Wunden, aber sie gibt dir die Möglichkeit, dich daran zu gewöhnen. Dann kannst du ohne Tränen beispielsweise an die schönen Momente mit deiner Großmutter denken, dankbar sein für eine alte Partnerschaft und offen für eine neue.

Neid: Deine Freundin hat schon eine Familie gegründet oder ein Imperium und du dümpelst noch vor dich hin. Neid kann zerstörerisch wirken, wenn du nicht gönnen kannst. Wenn du aber die Tatsache annimmst, dass du dir etwas wünschst, was der andere hat, kann es auch ein Antrieb sein. Du kannst dich fragen, was dir in deinem Leben fehlt und es dir selbst geben. Oder du kannst erkennen, dass dieses Gefühl nur ein Gefühl ist, denn eigentlich möchtest du gar kein Imperium, das wäre viel zu stressig. Fang an, anderen etwas zu gönnen, bewundere sie, aber vor allem dich selbst. Dann hast du die Kraft für deinen Weg, denn du bist einzigartig.

Alle Emotionen, egal ob Angst, Wut, Traurigkeit oder Neid, wollen uns nur den Stand der Dinge durchgeben, uns mit Informationen versorgen. Wir sollten die Gefühle deshalb nicht mit Alkohol, Schokolade oder Arbeit unterdrücken. Wichtig ist vielmehr, zu erkennen, was und warum wir so fühlen, wie wir fühlen – erst dann können wir heilen. Es sind gerade die negativen Emotionen, die wie ein Motor sind, der dich ins Rollen, ins Handeln bringen kann. Sie warnen dich und im besten Fall lernst du etwas daraus, das dich weiterbringt. Als Kind habe ich mich, wie ich erzählt habe, unter den Augen meiner Tagesmutter am Herd verbrannt. Die Blasen und die Rötung und der Schmerz zeigten mir gleich zwei Dinge. Erstens: Nie wieder auf eine heiße Herdplatte fassen. Zweitens: Du bist ganz allein für dich verantwortlich. Letzteres ist ein bisschen traurig, aber es stimmt.

> Du allein hast es in der Hand, ob du eine negative Emotion unterdrückst und sie dich erdrückt. Oder ob du sie zulässt, sogar liebevoll annimmst und transformierst.

Du kannst Kontakt zu deinen Emotionen aufnehmen, indem du folgende Übung machst: Notiere in deinem Notizbuch all das, was du im Moment fühlst. Und das möglichst genau, nicht nur »Ich bin traurig«, sondern auch, ob du enttäuscht oder verletzt bist, allein gelassen oder verraten wurdest. Du kannst auch die Gründe dafür festhalten. Damit verarbeitest du den Schmerz. Psychologen der University of California bestätigten dies und nannten es den Bridget-Jones-Effekt.[28] Ja genau, die Frau, die Schokolade wie Tagebücher liebt und am Ende ihren Traummann fand.

Ich fing also an, mich mit meinen Gefühlen zu beschäftigen, formulierte meinen Freunden gegenüber möglichst genau, was mich beschäftigte. Dadurch hörte ich auf, mich dafür zu schämen, dass ich gerade eine schwere Zeit durchmachte, in der ich Traurigkeit, Angst, eigentlich die ganze Bandbreite an Emotionen auslebte. Schwerer war die Phase gewesen, in der ich die Gefühle kaum gespürt hatte. Denn was sagt einem die innere Leere? Was sagt es, wenn Depression einen ins dunkle Nichts einhüllen? Es gibt vielfältige Gründe für diesen psychischen Zustand und folglich unterscheiden sich auch die Therapieformen. Klaus Bernhardt, der eine Praxis für Psychotherapie in Berlin leitet, hat die zehn häufigsten Ursachen für eine Depression ausmachen können. Er hat körperliche Ursachen benannt: chronische Entzündungen, Lebensmittelunverträglichkeiten oder einen Mangel an Vitaminen, Mineralstoffen und Spurenelementen. Außerdem, so Bernhardt, könne der Körper zu wenig BDNF-Proteine produzieren, dafür aber zu viel von der Aminosäure Kynurenin, das passiere, wenn sich ein Mensch zu wenig bewegt. Wenn man zu wenig schläft, soll das übrigens auch auf das Gemüt schlagen. Medikamente und ihre Nebenwirkungen können ebenfalls dazu führen, dass unser Körper aus dem Gleichgewicht kommt.

Dann gibt es noch psychische Ursachen, die, sofern sie unerkannt bleiben, für Depressionen verantwortlich sein können. Darunter fallen Angststörungen und Traumata, eine verdrängte Trauer. Sogar Social Media kann Depressionen verursachen (etwa, wenn man zu wenig Likes bekommt). Und zu guter Letzt: negatives Denken beziehungsweise Pessimismus.[29]

Im Umkehrschluss heißt das, dass man unbedingt zum Arzt gehen sollte, denn Blut abnehmen kann man sich nicht selbst, um zu sehen, ob einem was fehlt. Und ein Arzt kann einem dabei helfen, Traumata und andere Störungen in den Griff zu bekommen.

Ich suchte wie gesagt den Rückhalt meiner Freunde, die Verständnis für meine Situation und meine Gefühle aufbrachten. Sie nahmen mich ernst, ohne zu dramatisieren. So habe ich die Situation auch aus der Vogelperspektive betrachten können, mit Abstand und weniger turbulenten Emotionen. Wenn dir mal alles zu viel werden sollte, kannst du das auch tun, sieh auf die Situation, als wärst du selbst nicht beteiligt. Ist es noch so schlimm oder lässt sich etwas ändern? Man kann auch für Bedingungen sorgen, die zu einem besseren Schlaf führen, sich mehr bewegen, und wenn es täglich nur ein kleiner Spaziergang ist.

Ich ging ein paar Minuten länger und schneller mit Djego um den Block. Ich war auch schon stolz auf mich, wenn es mir morgens gelang, etwas früher aus dem Bett zu steigen, wenn ich es geschafft hatte zu lächeln. Ich hielt mich an, nicht so streng mit mir zu sein und einfach weiterzumachen. Ich hätte noch aktiver sein können, aber ich gab mir die Zeit, die ich brauchte. Oft habe ich »Me Time« bewusst wahrgenommen und mich mit Wellness und Hörbüchern verwöhnt. Die Außenwelt und das Smartphone ausgeschlossen. Ich wurde zur Sammlerin von schönen und positiven Momenten und Gedanken. Ich dachte beispielsweise immer daran, was ich tun möchte und tun werde. Detailliert entwarf ich eine neue Route, die mir Freude bereiten würde: Kanada, USA, Mexiko, Brasilien.

Wir können negative Gedankenmuster erkennen und umkehren. Wir hatten dies ja bereits mit den alten und neuen Glaubenssätzen. Das gehört zum positiven Denken, zum Perspektivenwechsel – und das ist ein weites Feld, das noch Aufmerksamkeit verdient.

Wechsle die Perspektive
und du siehst den Himmel

Ich glaube, was mir geholfen hat, war das Wissen, dass es besser wird. Das muss so sein, zwangsläufig, das ist das Gesetz der Natur. Wann haben wir schon Zeiten erlebt, die nur schlecht waren? Irgendwann wurde es doch wieder besser, oder? Darum hat man leider aber auch manchmal das Gefühl, dass dann, wenn es zu gut läuft, irgendetwas passiert, was uns dieses Glück entreißt. Immer wieder müssen wir durch tiefe Täler laufen, Grenzen überschreiten. Wir müssen damit rechnen, Menschen zu verlieren, sei es durch eine Trennung oder einen Tod. Wir können uns sogar verlieren, obwohl nichts so richtig schlecht läuft. Uns kann der Job gekündigt werden, wir können krank werden. Wir können nicht davon ausgehen, dass wir plötzlich keine Probleme mehr haben. Wir alle erleben Höhen und Tiefen, durchleben nach Phasen der Schwere aber eben auch wieder Phasen der Erleichterung. Dieses Auf und Ab hört nie auf, das ist das Leben. Der Kreislauf.

Der Baum entledigt sich seiner Blätter und erblüht im Frühjahr. Ein Mensch stirbt, ein anderer wird geboren. Nach dem Sturm kehrt Ruhe ein. Und das ist gut so. Dann kannst du dein Leben auch wieder genießen. Ich stehe gern in der wilden Meeresbrandung und dann liege ich wieder eine Weile am Strand und genieße die Ruhe.

Das Lachen existiert nicht ohne das Weinen, das Böse und das Gute bedingen sich, Ying und Yang sind zwei Kräfte, die sich nicht bekämpfen, sondern ergänzen. Wir finden Regen ätzend, aber ohne das Wasser gäbe es keine Blumen, keine Nahrung, kein Leben. Wir müssen unsere Perspektive infrage stellen, unsere Sichtweise. Sehen wir nur den Boden, den kalten, grauen Beton, verharren wir in der Düsternis. Heben wir aber den Kopf, erwartet uns der Himmel über uns. Der offene Himmel mit all seinen Wolken, mit der Sonne.

Wir sind also in der Lage, den Kopf zu senken oder zu heben. Und gerade in den Momenten, in denen man denkt, dass es nicht mehr weitergeht, sollte man wenigstens versuchen, die Dinge aus einem anderen, positiveren Blickwinkel zu betrachten. Die Psychologie nennt diesen Perspektivenwechsel: Reframing. Übersetzt heißt das so viel wie »neu einrahmen«, als würde man einem Bild einen schönen, goldenen Rahmen verpassen.

Davon halte ich viel, weil ich das in meinem Leben auch so handhabe: Eine schlechte Begegnung wurde zu einer lehrreichen, eine Krise wie die toxische Beziehung zu einer Chance, die mich zu *Love Island* führte. Eine Schwäche wurde zu einer Stärke. So wurde mir klar, dass negative Gefühle auch positive Effekte haben. Meine Sanftheit ist eine Stärke. Ich kann zeigen, dass ich auch mal weine. Ich stehe dazu, daran ist nichts Schlimmes. Es hilft mir manchmal sogar. Auch du kannst das mit deinen vermeintlichen Schwächen tun. Überlege dir, wann deine Schwäche auch einmal eine Stärke war? Nennt man dich einen Zappelphilipp? Aber ist es nicht auch schön, dass du so viel Energie hast? Du musst nur ein richtiges Ventil dafür finden. Hältst du dich für naiv? Naivität kann aber auch Ausdruck kindlicher Lebensfreude sein, die dich mit anderen Augen auf die Welt blicken lässt.

Keiner sagt, dass du jetzt realitätsfern und verblendet durch die Welt laufen sollst. Manchmal ist etwas einfach nur scheiße. Auch ich motze – und das nicht zu wenig. Ich beschwere mich lauthals und wenn ich keine Lust habe, habe ich keine Lust. Aufhören zu rauchen? Auf keinen Fall. Wollt ihr mir jetzt auch noch all meine Laster wegnehmen? Was ist das dann für ein Leben? Ein bisschen Spaß muss doch sein. Spoiler: Ich bin von Zigaretten immerhin auf die elektrische Zigarette umgeschwenkt. Weil ich die Perspektive gewechselt habe. Das Leben wird mir nicht genommen, es wird mir geschenkt. Aber du wirst es auch an dir selbst bemerken. Wenn du dich beschwerst, beschwerst du dich zusätzlich – wie mit einem Gewicht. Und das liegt daran, dass wir uns als Opfer der Umstände ansehen und nicht als Macher. Denn wenn wir nicht das Gefühl haben, die Situation beeinflussen zu können, machen wir es auch nicht.

Wie wir das Leben sehen, hat einen gewaltigen Einfluss auf uns, unabhängig davon, ob wir gerade in einer Depression stecken oder nicht. Es wirkt sich nämlich insgesamt auf die Gesundheit aus. Denken wir positiv und vertrauen in uns und die Zukunft, werden wir damit nicht nur psychische Leiden vermeiden oder in den Griff bekommen, sondern auch die Symptome, die mit diesen zusammenhängen, wie Bauch- oder Kopfschmerzen. Sogar Herzkrankheiten und Diabetes haben so in der Zukunft keine oder jedenfalls eine geringere Chance.

Du kennst es wahrscheinlich selbst: Bist du gestresst, ist dir alles zu viel, redest du alles schlecht, klopft dein Herz schneller, du wirst vor Überforderung orientierungslos und schaffst das, was du dir vorgenommen hast, nicht so, wie wenn du optimistisch gewesen wärst. Oder du fühlst dich schlapp und lustlos, vielleicht isst du aus Frust eine Tafel Schokolade und haust dich aufs Sofa. Du hast also mit deinem negativen Denken deinen Körper und deinen Geist geschwächt. Du hast dir erst gar nicht die Möglichkeit gegeben, die Sache anzugehen. Denkst du jedoch: Ach, das packe ich irgendwie, sieht alles ein bisschen anders aus. Du gehst mit Elan an die Arbeit und merkst, ja, das könnte was werden. Und wenn es etwas wird, warst du selbst wirksam. Du hast es dir vorgestellt und hast es gemacht. Du bist es positiv angegangen und es ist positiv geworden. So wird auch das Unmögliche ein Stück möglicher. Optimismus heißt, daran zu glauben, auch wenn du nicht weißt, wie es endet.

Optimismus kann man übrigens lernen, bis er ganz automatisch einsetzt, weil wir ihn so verinnerlicht haben, dass wir immer wieder darauf zurückgreifen. Unser Gehirn legt entsprechende Pfade an, neue Synapsen. Werden sie genutzt, werden sie zu einer Art Straße. Es ist wie bei einem Gebirgspfad: Laufen dort Hirten mit ihrer Herde entlang, wird er durch das ständige darauf Herumtrampeln fest. Aus dem Gehirnstrang wird also eine Autobahn, die wir gern befahren, aber auch die anderen, die noch hinzukommen werden. Die moderne Forschung hat dies herausgefunden und Neuroplastizität genannt, die Fähigkeit des Gehirns, sich bis ins hohe Alter zu verändern. Es ändert sich durch unsere Handlungen und Gedanken. Und diese wiederum ändern sich durch die Gewohnheiten, die wir pflegen. Je öfter wir etwas tun, umso leichter fällt es uns. Klavier spielen oder Englisch sprechen. Je öfter wir denken, das wird ein guter Tag, umso öfter werden wir versuchen, dass das genau so eintreten wird. Das heißt: Wir können unser Gehirn, uns selbst und unser Leben beeinflussen.[30] Wir sind Selbstbeeinflusser. Also bist auch du ein Self-Influencer.

Das ist doch eine wunderbare Nachricht, die du nutzen kannst. Denn so wirst du vom Opfer zum Macher oder zur Macherin. Dafür musst du die Schuldzuweisungen sein lassen. Du hättest bessere Noten, wenn der Lehrer es dir besser erklärt hätte. Du wärst nicht so verunsichert, wenn deine Eltern dich öfter gelobt hätten. Du hättest ein besseres Gehalt, wenn die Branche nicht so schwierig wäre. Du steckst in der Misere, weil dich jemand reingelegt hat. Das mag ja alles sein, Menschen kommen mit unterschiedlichen Voraussetzungen auf diese Welt, sie haben Schicksalsschläge hinter sich und Traumata. Manche haben es leichter, manche schwerer. Aber solche Aussagen implizieren, dass es gar keinen anderen Ausweg gab oder gibt. Dass du die Situation nicht beeinflussen konntest, aber das stimmt nicht. Du hättest auch bessere Noten schreiben können, wenn du mehr gelernt oder dich um Nachhilfe bemüht hättest. Das Gehalt in deiner Branche kann ja auch mies sein, zum Beispiel als Künstlerin oder als Pflegerin, aber die Regel der Selbstverantwortung heißt:

Love it, leave it or change it.

Wenn du deinen Beruf liebst, dann nimmst du ihn entweder an und beklagst dich nicht oder dir bleiben auch noch zwei andere Möglichkeiten. Erstens: Du kannst gehen, etwa nach Norwegen, wo Pflegekräfte doppelt so viel verdienen, du kannst die Einrichtung wechseln, selbstständig werden oder du machst eine Umschulung. Zweitens: Du kannst etwas ändern. Du machst dich im Betriebsrat, der Gewerkschaft, in der Politik stark. Und wenn das alles nicht klappt, dann musst du die Konsequenzen tragen.

Ich gebe zu, das hört sich hart an, als wären Pflegekräfte selbst an ihrer Ausbeutung schuld. Eindeutig nicht, natürlich ist es das System, das ist es immer, aber wir alle haben mehr Macht, als uns bewusst ist. Wir müssen sie nur nutzen. Auch in mir regt sich Widerstand: Macht ist ein fast negatives Wort in meinen Ohren – und vielleicht will ich diese Macht auch nicht haben, das ist zu viel, ich kann ja nicht für alles verantwortlich sein.

Die Öffentlichkeit, meine Beziehungen hatten möglicherweise eine Teilschuld an meiner Depression, aber ich konnte etwas dagegen tun: mich abgrenzen, Hilfe holen, Schönes erleben. Auch du musst die Verantwortung für dein Leben übernehmen, für die Entscheidungen, die du getroffen hast. Denn sonst wird sich keiner für dich verantwortlich fühlen. Dein Leben liegt in deiner Hand – und damit dein Glück. Es ist sogar wissenschaftlich bewiesen, dass Menschen, die sich ausgeliefert fühlen, sich ihrer Macht nicht bewusst sind, seelisch und körperlich krank werden können. Das liegt daran, dass sie sich nicht frei fühlen, die anderen bestimmen ja über das Glück.[31] Selbstverantwortung und Freiheit gehen also miteinander einher. Und wer möchte nicht gerne frei sein?

Wenn du dich also tatsächlich selbst beeinflussen kannst, dann tu es auch. Wenn deine Denkweise deine Handlungen formen kann, deine Realität, dann tu das. Und wenn jemand kommt und sagt, dass etwas nicht geht, das du beeinflussen möchtest, dann frage dich, ob es wirklich etwas ist, was du nicht kontrollieren kannst. Und sollte es so sein, dann mach Frieden damit. Aber wenn du der Ansicht bist, dass man es wenigstens versuchen sollte, weißt du, dass dieser Mensch seine Realität meint und nicht deine. Klar, es gibt eine Realität, die für viele gleich ist. Etwa, dass wir in Deutschland leben. Aber was das für jeden Einzelnen bedeutet, ist für jeden anders. Würde jemand, der noch nie hier war und noch nichts von Deutschland gehört hat, fragen, wie es ist, hier zu leben, erzählt der eine, dass es Multikulti ist. Dass er selbst, seine Eltern, seine Freunde, seine Nachbarn türkische Gastfreundschaft, italienische Lebenslust oder griechische Entspanntheit weitergeben. Der andere meint, dass Deutschland ein Integrationsproblem hat. Der eine berichtet von Cafés bei Sonnenschein auf dem Münchner Marienplatz, der andere von Fischbrötchen an der windigen Nordsee, ein Dritter von Partys in Dortmunder Hochhäusern. Wieder ein anderer, dass man in Deutschland nur arbeite und für alles Genehmigungen bräuchte. Oder dass es Regelungen für Eltern gibt, die es erlauben, mehr Zeit mit den Kindern zu verbringen.

Würde jetzt dieser Mensch, der noch nie hier war, das hören, er würde denken, dass es sich um unterschiedliche Länder handelt. Hundert Meinungen, hundert Länder. Auch wenn es nur eine Realität gibt und die wahrscheinlich in der Mitte liegt, sind all das ebenso Lebensrealitäten, nämlich die Sichtweisen verschiedener Menschen. Je nachdem, wie jemand denkt, lebt und handelt, ist er näher an dem einen oder dem anderen dran. Was soll deine Realität sein? Möchtest du umziehen, weniger arbeiten, positiver denken? Für den letzten Punkt habe ich mir einige Aufgaben und Fragen überlegt, mit denen du von jetzt an das Leben in bunteren und helleren Farben sehen kannst und die es dir ermöglichen, deine Wünsche in Angriff zu nehmen und deine Realität zu formen:

Good day
Was war heute schön? Teile dieses positive Erlebnis mit jemandem oder schreibe es auf.

Good me
Was hast du heute ganz gut gemacht? Was kannst du gut? Was magst du an dir?

Happy moments
Plane schöne Augenblicke im Alltag. Etwas, das du gerne machst – sei es einen Tee trinken oder fünf Minuten in den Himmel schauen.

Happy things
Wenn du gerade in einer miesen Stimmung bist, eine Panikattacke hast oder auch einfach mal untröstlich bist, kannst du in deine Notfallkiste, in deine persönliche Schatztruhe sehen. In dieser befinden sich die Dinge, die dich an etwas Schönes erinnern oder dir einfach guttun. Ein tolles Parfum, ein Foto von deiner Großmutter, ein Freundschaftsbändchen, dein erstes Konzertticket, ein Mixtape mit fröhlicher Musik, der Name des Films, den du demnächst sehen willst.

Positiv zu denken ist schon mal wichtig, aber echte Begeisterung und Leidenschaft bringen dich wirklich weiter. Enthusiasmus für das Leben, für die Dinge, die man tun will – das macht einen entscheidenden Unterschied. Und ja, die Dinge, die man tun will und nicht muss. Sag dir öfter mal: Ich will. Ich muss zwar morgens um acht aufstehen, aber das will ich auch, weil mein Job mir eine coole Aufgabe ermöglicht. Ich muss zwar das Baby wickeln, aber ich will, damit es sich wohlfühlt und weil ich es liebe.

Ich muss vom Sofa aufstehen und eine Runde spazieren gehen, aber ich will auch, weil die Bewegung eine gute Wirkung auf mich hat. Und wenn du oft und wirklich nicht willst, macht es in den meisten Fällen auch keinen Sinn, es zu forcieren. Dann solltest du dich eher fragen, warum du eine Blockade hast und was du eigentlich willst.

DRITTER TEIL

Geh deinen Weg

Du musst wissen, wohin, um deinen Weg zu gehen

Immer wieder fragte ich mich, ja was eigentlich? Ich stellte mir viele Fragen, die großen und die kleinen. Was ist der Sinn des Lebens? Was ist meine Aufgabe? Mein Ziel? Welche Werte habe ich und lebe ich nach ihnen? Oder lebe ich nach den Werten anderer? Wenn ich Entscheidungen getroffen habe, passen sie noch zu mir? Bin ich meine erste Priorität? Mein Vorbild? Was gibt mir Kraft, was nimmt sie mir? Wo stehe ich?

All die Fragen, die ich mir stellte, waren dazu da, damit ich mir über mich selbst bewusst und somit selbstbewusst wurde.

Selbst-Bewusst-Sein und Selbstbewusstsein hängen eng miteinander zusammen. Indem ich Klarheit über mich bekam, konnte ich den Weg, der vor mir lag, deutlich sehen. Und ich konnte mir auch vorstellen, ihn zu gehen. Für mich war das die Reise. Aber was sind deine ureigenen Ziele und Wünsche? Also ohne die Urteile und Meinungen anderer Menschen, ohne deine alten Glaubenssätze. Um das herauszufinden, musst du zuallererst wissen, wo du im Augenblick stehst. Es ist wie bei einem Navi. Du gibst ein, wo du bist und wo du hinwillst. Wenn eines von beiden fehlt, kannst du die Route nicht berechnen und du irrst umher. Deinen Anfangspunkt kannst du sozusagen mit einem Blick auf deine Lebensbereiche ausmachen. Du kannst sie – etwas grob – in vier einteilen: Beziehungen, Beruf, Körper und Geist.

In manchen von ihnen läuft es besser, in anderen schlechter. Man sagt ja: »Pech im Spiel, Glück in der Liebe«. Das Spiel kann unterschiedlich ausgelegt werden – das Glücksspiel, die Karriere oder etwas, das Spaß macht. Aber warum legt dieses Sprichwort nahe, dass man nicht alles haben kann, also einen erfüllenden Job und eine Beziehung zugleich? Natürlich kann man nicht immer alles auf einmal haben. Es gibt Zeiten, in denen einen das Gefühl beschleicht, dass man nur noch streitet, nur noch arbeitet, nur noch dahinvegetiert. Wenn man streitet, ist der Bereich Beziehungen ausbaufähig, wenn man zu viel arbeitet, muss etwas im Beruf nicht stimmten, wenn man antriebslos ist, muss man sich um den Bereich Geist kümmern. Denn vieles ist auch hierbei eine Sache der Perspektive und der Selbstverantwortung. Wer streitet, kann sich wieder versöhnen und lernen, wie man richtig damit umgehen kann. Wer viel arbeitet, kann zukünftig mehr Zeit finden für Freizeit und Familie. Wer nur noch dahinvegetiert, kann sich ein Hobby suchen, das ihn inspiriert. Denn auf Dauer werden wir nur glücklich, wenn die Lebensbereiche einigermaßen ausgewogen sind. Stimmt zum Beispiel der Bereich Körper nicht, ist jemand etwa krank, werden auch die anderen Bereiche vernachlässigt, denn derjenige kann womöglich vorübergehend nicht mehr arbeiten. Ist jemand seelisch nicht in Form, wird er auch körperlich kaum in Form sein. Die Bereiche sind also eng miteinander verbunden, sodass man sie kaum voneinander trennen kann.

Stell dir zu Beginn die Frage, wie zufrieden du mit deinen verschiedenen Lebensbereichen bist. Sei ehrlich, aber nimm dafür deine eigenen Parameter. Wenn du vielleicht im Moment gar keine Liebesbeziehung möchtest und dich auch nicht einsam fühlst, bist du dementsprechend auch zufriedener mit deinem Beziehungsstatus als ein unglücklicher Single. Auf einer Skala von 1 bis 10 beantworte, wie unzufrieden (1) oder zufrieden (10) du mit den folgenden Bereichen bist:

- Beziehungen (Liebe, Freunde, Partner, Kollegen)
- Beruf (Geld, Spaß, Zeit)
- Körper (Fitness, Gesundheit, Ernährung)
- Geist (Sinn, Freude, Inspiration, Entspannung)

Weißt du jetzt, welcher Bereich ausbaufähig ist? Hättest du gerne mehr Ruhephasen, mehr soziale Kontakte? Einen Job, der dir mehr Raum für andere Bereiche lässt? Ich habe, bevor ich meine Asienreise antrat, genau eine solche Bestandsaufnahme gemacht. Ich habe realisiert, dass es in der Liebe nicht gut läuft, gespürt, dass es doch mehr geben müsste als meinen Bürojob, dass der Bereich Geist nach mehr verlangt. Und ich beschloss, dass eine Reise mir die Erfüllung geben könnte, die ich bräuchte. Tatsächlich gab sie den Anstoß zu meiner Entwicklung. Und ich entwickle mich immer noch weiter, das ist auch eines meiner Ziele. Und diese Lebensbereiche-Übung sollte dir genau das zeigen: dass Entwicklung möglich ist. Aber ob sie nötig ist, liegt in deiner Hand. Denn hier geht es nicht um Optimierungsdenken, sondern um Impulse. Auch wenn es sich durch die Skala so anfühlt, als würdest du deinem Leben Noten geben. Aber sie ist nur dazu da, um einen Mangel aufzudecken, und nicht Anlass, damit du dich verurteilen kannst. Es ist okay, wenn dein Bereich Körper aufgrund deiner Ernährung nur eine »Fünf« auf der Skala bekommen hat. Weil du zum Beispiel ziemlich oft Chips isst und Pizza bestellst (Letzteres mache ich auch sehr gerne). Aber die Fünf hat dir niemand anders gegeben, sondern du dir selbst, und sie zeigt dir an, dass du nur mittelmäßig zufrieden in diesem Bereich bist. Vielleicht hast du ein Diabetes-Risiko oder möchtest überhaupt gesünder leben? Damit deine Ziele nicht wie Neujahrsvorsätze noch in der Nacht mit den Feuerwerkskörpern verpuffen, kannst du folgende Methode anwenden:

Formuliere deine Ziele! Aber wie? Sei smart.
S pezifisch
M essbar
A ttraktiv
R ealistisch
T erminiert

Das ist eine Methode aus dem Projektmanagement, doch sie lässt sich auf die meisten Ziele übertragen. »Ich will gesünder leben« wäre ein Ziel, aber kein smartes, das sähe so aus: Ich will im nächsten Jahr gesünder essen (spezifisch), deshalb nehme ich an fünf Tagen die Woche größtenteils unverarbeitete, naturbelassene Lebensmittel zu mir (messbar), damit ich energiegeladen bin und lange lebe (attraktiv).

Das Ziel mag für die Person hochgesteckt sein, doch immer noch realistisch, weil es ums Maßhalten geht und auch mal eine Packung Chips erlaubt sind. Ich denke, wer Selbstliebe praktiziert, wird schließlich ohne solche Formeln lernen, auf seinen Körper zu hören, wird intuitiv essen und schauen, was einem guttut. Aber für den Anfang ist die Methode sicherlich geeignet. Durch den gesetzten Zeitrahmen wird es schwerer, den Wunsch wieder zu verschieben, durch das realistische Ziel ist man weniger frustriert und man macht sich klar, weshalb man das eigentlich tun will, was man sich vorgenommen hat. Ein Ansporn.

Und ich denke, ob mit Regel oder nicht, wesentlich ist es, zu definieren, was man möchte und warum. Willst du ein Buch schreiben? Frage dich warum. Um deine Geschichte zu teilen und Menschen zu motivieren, zu unterhalten, zu fordern? Was auch immer dein Anspruch ist, finde dein Warum.

Wenn du dein Warum beantwortest, wirst du auch das Wie finden.

Du wirst ganz bestimmt dranbleiben. Denn was einem Spaß macht, das gibt man nicht so leicht auf. Das beste Beispiel sind Kinder, ich sehe es an meiner kleinen Schwester. Kinder bauen Türme, die höher sind als sie selbst, obwohl ihnen die Augen zufallen. Und wenn der Turm einstürzt – was machen sie dann? Sie bauen ihn wieder auf, diesmal vielleicht noch höher. Und wenn er wieder steht, dann zerstören sie ihn. Gut, den letzten Punkt müssen wir nicht beherzigen, aber die davor. Etwas zu finden, was einem Spaß macht, und es immer und immer wieder zu versuchen. Denn das unterscheidet Menschen, die noch träumen, von Menschen, die ihren Traum verwirklichen. Egal welches Hindernis sich ihnen in den Weg stellt, sie werden es aus dem Weg räumen, es umrunden, darüberspringen, es in die Luft jagen.

Was aber, wenn es gar nicht so einfach ist, zu erkennen, was einem Spaß macht? Was ist deine Lebensaufgabe? Die Aufgabe, für die du bestimmt bist. Folgende Fragen können dir dabei helfen, sie zu finden:

- Was geht dir leicht von der Hand? Wo siehst du deine Talente und Stärken?
- Bei welcher Tätigkeit kommst du in den Flow und vergisst Raum und Zeit?
- Was interessiert dich?

Ich habe noch viele Pläne. Ich will noch so viel machen! Ich will alles sehen! Stillstand und Stagnation sind nichts für mich, der Sinn des Lebens besteht für mich persönlich darin, die Welt zu erleben und sie zu bereisen. Ich bin eine Vagabundin, es langweilt mich, meinen Followern zum hundertsten Mal meine Wohnung zu zeigen, lieber will ich ihnen die schönsten Orte präsentieren. Außerdem könnte ich mir vorstellen, eine Moderation zu übernehmen. Das ist jetzt nicht gerade typisch für meinen Charakter, aber es würde mir Spaß bereiten. Und damit ich all meine Ziele nicht vergesse, habe ich ein Vision Board aus Papier in meinem Schlafzimmer hängen, auf dem ich meine Ziele visualisierte. Meine neue Route zum Beispiel und auch die Erinnerung, dass ich meinen Motorradführerschein mache und Kickboxen lerne. Du kannst dir auch Ähnliches besorgen und alles sammeln und aufhängen, das dich motiviert und inspiriert. Ein schönes Foto aus einer Zeitschrift, ein motivierender Spruch, eine Idee. Das wird dir Aufwind geben.

Bachelorette –
eine Entscheidung für mich

Aber wie bei allen Zielen, allen Plänen habe ich gelernt, dass es auch gut ist, sich in nichts zu verbeißen, offen zu sein für die Überraschungen des Lebens. Denn wenn ein Stein im Inneren sich gelöst und angefangen hat, sich zu bewegen, wenn man sich getraut hat, wird dieser Stein einen anderen ins Rollen bringen. Was ich ins Rollen brachte, als ich mich bei *Love Island* bewarb, habe ich nicht kommen sehen. Meine Freunde waren da schon weitsichtiger gewesen. Als ich in dem Format nicht meine Liebe fand, sagten sie:

»Vielleicht klappt es ja beim *Bachelor*.«

»Ich geh doch nicht zum *Bachelor*«, sagte ich.

»Natürlich nicht.«

»Genau.«

»Du wirst die Bachelorette.«

Ich fing an zu lachen und sagte, dass ich auch nicht die Bachelorette werden würde. Was für eine Idee. Zwanzig Männer und ich. Ich schüttelte den Kopf, das wäre nicht ich, die gehen dort viel zu schnell auf Tuchfühlung. Dann vergaß ich diesen Gedanken, es gab ja auch nichts nachzudenken.

Bis mich, mitten in meinem Tief, meiner Depression, die Anfrage erreichte: »Wie wär's, könntest du dir vorstellen, die nächste Bachelorette zu sein?«

»Ich muss auflegen. Ich bin gerade im Auto und muss mich auf den Verkehr konzentrieren«, antwortete ich. In diesem Moment konnte ich erst recht nichts damit anfangen.

»Also nein?«

»Nein …« Aber als ich das ausgesprochen hatte, fühlte sich dieses Nein nicht so gut an, wie das Nein zur Weiterreise mit meinen Freundinnen oder die anderen Neins. Also fügte ich noch hinzu, dass ich es im Augenblick nicht wüsste, ich müsste darüber nachdenken.

»Okay, überleg es dir«, hieß es am anderen Ende der Leitung, es sei ja auch erst einmal nur eine Anfrage, ich müsste immer noch einen Bewerbungsprozess durchlaufen.

»Ich rufe zurück«, sagte ich und legte auf.

Ich saß auf dem Sofa, die Tage waren alle gleich, es müsste nur noch regnen, das würde zu meiner Stimmung passen. Ich wollte etwas tun, etwas, damit es mir besser ging. Die Perspektive ändern. Manchmal gelang es mir gut, manchmal weniger. Immer wieder hatte ich Momente, in denen die Tränen versiegten und ich sehen konnte, was ich gerade verpasste. Da draußen wartete das pralle Leben auf mich. Na ja, okay, während der Corona-Zeiten nicht ganz so prall. Feiern, Reisen, Tanzen, Dating – alles ein bisschen anders als gewohnt. Doch wer nicht krank war, jemanden verloren hatte und sich sonst in einer dramatischen Lage befand, sollte sich nicht beklagen. Aber ob in einer schlimmen Situation oder nicht – eine Krise ist auch immer eine Chance.

Das haben Krisenzeiten an sich – sie sind der Marker für Veränderung.

Krisen führen dazu, dass Menschen auf Miseren aufmerksam werden, etwa Klimawandel, Pflegenotstand, Digitalwüste oder Chancenungleichheit. Und so verändern sie

Stück für Stück die Welt. Während des ersten und zweiten Lockdowns schlossen Besitzer ihre Restaurants und boten digitale Koch-Workshops an, andere verbrachten mehr Zeit mit ihrer engsten Familie oder ihnen wurde bewusst, was sie wirklich brauchten und wollten. Also konnte die Bachelorette für mich ebenfalls eine Perspektive sein, ein Beschleuniger. Wie sollte ich sonst Erfahrungen sammeln, die mich aus meinem Tief holen könnten, und einen netten Mann kennenlernen? Zudem wollte ich seelisch und körperlich gesund sein und wünschte mir das auch für die anderen, besonders in dieser Pandemie. Vor Drehbeginn würden alle auf Covid-19 getestet werden und dann ginge es wieder ins Ausland. Und dieses Mal gäbe es auch etwas zu erleben. Die Produktion, so hatte man mir erzählt, hätte sich in der Vergangenheit einiges einfallen lassen – von Bungee-Jumping über Tango bis hin zu Rafting. Anders als bei *Kampf der Realitystars*, wo sich alles an einem einzigen Strandabschnitt abspielte.

Ich hielt mit meinen Gedanken inne. Ich dachte darüber nach, was die anderen von mir denken würden, wenn ich so von einem Format zum nächsten springen würde – und das auch noch in Zeiten der Pandemie. Aber wollte ich denn meine Entscheidungen wirklich von den Meinungen anderer abhängig machen? Ich wollte doch das tun, was ich für richtig hielt. Unter anderem war ich in dieser Situation, in dieser schwierigen Gemütslage, weil ich zugelassen hatte, dass die Öffentlichkeit über mein Leben bestimmte. Es war sogar schon so weit gekommen, dass sie gar nichts mehr tun oder sagen musste und ich mich trotzdem limitierte. So sehr hatte ich die öffentliche Meinung in mir verinnerlicht. Damit musste ein für alle Mal Schluss sein. Was wollte ich? Meine innere Stimme wurde immer lauter, bis sie fast schrie:

»Mach's, mach's, mach's!«

Ich dachte an Joy, den ich im Ayurveda-Retreat kennengelernt hatte, und auf einmal erhob ich mich vom Sofa, streckte den Rücken durch und dachte: Ja, ich tu's. Ich meldete mich bei der Produktionsfirma, wie versprochen, und die nächsten Monate durchlief ich den härtesten Casting-Prozess, den ich bisher erfahren hatte. Gefühlt waren das 140 000 Telefongespräche, Videogespräche und Shootings. Ich antwortete immer ehrlich auf die Fragen und das reichte wohl aus, um zu überzeugen. Denn als ich mit einigen Leuten von der Produktion beim Frühstück saß und erwartete, noch weiter ausgefragt zu werden, hieß es auf einmal, sie könnten sich gut vorstellen, dass ich die Bachelorette sein könnte.

»Und du?«, fragten sie.

Ich war erstaunt, aber ja, ich konnte es mir auch vorstellen. Ich würde also die nächste Bachelorette werden.

Vorerst stand mir aber wieder die Angst im Weg. Zwei Tage vor Drehbeginn ging ich zu meinem Stiefvater und sagte etwas zu melodramatisch:

»Brich mir ein Bein, ich kann das nicht machen.«

»Was ist denn los?«, fragte er.

»Das ist zu viel für mich. Warum habe ich nur zugesagt?« Mein Stiefvater versuchte mich zu beruhigen, aber ich steigerte mich immer weiter hinein, wie eine Schraube in morsches Holz, bis ich völlig aufgewühlt bei meinem Management anrief. Den ganzen Seelenmüll, der sich in mir angesammelt hatte, entlud ich bei ihr.

»Ich kann das nicht. Das bin ich nicht. Ich schaff das nicht.« Als ich fertig war, fühlte ich mich nur noch leer.

»Hör zu, Melissa. Du musst es wollen. Mach dir noch mal in aller Ruhe Gedanken darüber.«

So nahm ich mir einen Tag lang Zeit – nur für mich. Keine Besuche, kein Telefon, keine Ablenkungen. In mir schien ein Gummiball herumzuhüpfen. Ja. Nein. Ja. Das mit dem Influencen konnte ich mir auch nicht vorstellen, doch ich nahm es als die Chance wahr, die sie war und die mir zu vielen neuen Möglichkeiten verholfen hat. Die Menschen, die sie mir gegeben hatten, glaubten an mich. Wie auch jetzt. Da waren schöne, außergewöhnliche Frauen im *Bachelorette*-Casting gewesen – und sie trauten es *mir* zu. Also müsste ich es mir auch zutrauen. Was ich dachte und was ich fühlte, waren leider oft zwei unterschiedliche Sachen. Die alten Glaubenssätze hinderten mich. Ich sagte mir, ich könne das nicht, aber ich fühlte doch, dass ich es wollte. Also: Dann musst du es machen.

Dass ich mich unwohl fühlte, war der Tatsache geschuldet, dass ich nicht aus meiner Angstzone herauswollte. Aus der Komfortzone hatte ich mich schon getraut, ich hatte zugesagt und an den Castings teilgenommen. Ich ließ das Gewohnte hinter mir, aber jetzt befand ich mich in der zweiten Zone, der Angstzone, in der ich ablehnend und unsicher reagierte. In der ich Ausreden suchte und zum Abbruch neigte. Doch ich wusste, dass danach noch zwei Zonen folgen würden. Die Lernzone und die Wachstumszone. Ich würde neues Selbstvertrauen aufbauen, weil ich Neues lernen und neue Erfahrungen machen würde. Dadurch würde ich wachsen und zu mehr Zufriedenheit finden.[32] Meine Angst folgte einem Muster. Tat ich etwas, das ich so noch nicht kannte, das einfach nicht so gemütlich war, überlegte ich, ob ich auch wirklich das Richtige machte. Ein Rückzieher war vorprogrammiert. So war es auch bei *Love Island* gewesen. Doch jedes Mal, wenn ich mich traute, etwa den Arzt aufsuchte, allein reiste, ins

Fernsehen ging, so wurde ich belohnt. Es war die Angst, die mich hinderte, aber es war ebenso die Angst, die einen Richtungswechsel ankündigte. Ich hatte für mich gelernt, diesem Gefühl zuzuhören und aufzudecken, was es mir sagen wollte.

Was sich für mich nicht rund angefühlt hatte, waren meine Erwartungen an das Format. Ich dachte, eine Bachelorette müsste laut sein, permanent gesellig, sich schnell festlegen und sich mindestens so schnell verlieben. Das war natürlich nur eine Vorstellung, aber ich hatte aufgeschnappt, dass man sich in der Sendung auch näherkam, und ich konnte mir das so nicht vorstellen. Ich hatte Angst, mich zu schnell zu öffnen, vielleicht auch verletzt zu werden, mich unter Druck setzen zu lassen. Meine Erwartungen und auch die anderer lähmten mich. Aber ich hatte es schon zuvor geschafft, mich von ihnen zu lösen und mich nicht mehr verbiegen zu lassen.

Ich musste mich frei machen. Von meiner Angst, meinen alten Glaubenssätzen, der Vergangenheit, den Erwartungen. Um frei zu sein.

Du musst loslassen, sonst kannst du deine Reise nicht fortsetzen. Der Ratschlag des Schamanen war nicht nur auf meine Beziehung anzuwenden. Wenn ich die Reise zu mir selbst weiterhin fortführen wollte, musste ich loslassen. Ich würde die neue Bachelorette werden. Die jüngste aller Zeiten. Aber unter einer Bedingung. Niemand durfte mir mehr einen Stempel aufdrücken, weder ein anderer Mensch noch ein Format. Ich sagte mir erneut: »Ich werde und ich darf so sein, wie ich bin.« Immerhin trug die Sendung den Namen *Bachelorette* – und die würde ich sein, die wollten die Zuschauer doch sicher kennenlernen, und zwar so, wie ich wirklich war. Ich würde die Sendung zu meiner machen. Das war für mich ein entscheidender Satz. Ich wollte nicht länger darüber nachdenken, was die Männer über mich denken konnten. Ich wollte einen Mann finden, doch ich wollte das für mich machen, wenn auch auf einem nicht ganz üblichen Weg.

Als ich über meine nächste Reise sprechen durfte, wendete ich mich an meine Follower:

Ja, ich bin die neue Bachelorette. Einige haben es wohl schon vermutet oder geahnt. Mit dieser Entscheidung habe ich mich wahrscheinlich eines der wenigen Male in meinem Leben an die erste Stelle gesetzt. Denn es geht nicht darum, was andere davon halten, sondern ganz allein um mein persönliches Glück. Ich hoffe, ihr seid genauso aufgeregt und gespannt, wie ich es gerade bin. Es wird eine faszinierende, emotionale und abenteuerliche Reise.

Fast ein Jahr begleitet ihr mich nun schon durch Höhen und Tiefen. But no rain, no flowers. Ihr habt diese Etappe in meinem Leben sehr besonders für mich gemacht. Nun ist es an der Zeit, für das, was war, Danke zu sagen, damit das, was werden wird, unter einem guten Stern beginnt. Ich werde ganz bestimmt meinem Herzen folgen – und bin bereit.

Lass los und du bist frei

Die erste Folge von *Die Bachelorette* wurde 2020 an meinem Geburtstag ausgestrahlt, dem 7. Oktober, jedenfalls für die TV-Now-Zuschauer. Und dann war ich auch noch die siebte Bachelorette. Ich wollte an dieses Zeichen glauben. Ich sagte in die Kamera: »Ich hatte Angst, die Reise anzutreten, aber jetzt weiß ich, dass das richtig war.« Meine Freundinnen wurden gefragt, welche Eigenschaften sie mir zuschreiben würden. Sie sagten, ich sei humorvoll, könnte jedoch auch mal laut werden und auf den Tisch hauen. Ich freute mich über die Einschätzung, ich wollte nicht mehr nur die Süße sein, ich wollte gesehen werden mit all meinen Facetten.

Auf Kreta wartete ich neben einer prächtigen Villa und vor einem strahlend blauen Meer. Ich hatte ein türkisfarbenes Kleid an, meine Hände waren feucht. Die Männer fuhren immer zu zweit oder zu dritt in einer Limousine vor. Der rote Teppich führte sie zu mir. Natürlich musste das so sein. Dem Anlass entsprechend. Ich wollte mich hier verlieben, aber einige Männer, die in den ersten Folgen vorgestellt wurden, hatten gemeint, sie ließen nichts anbrennen oder dass sie gerne ihren Arsch zeigen würden. Gut, einige Männer dienten wohl zur Unterhaltung der Zuschauer. Doch ich hatte höhere Erwartungen, obwohl ich einiges davon auch wieder verwarf. Mittlerweile war es mir egal, ob derjenige, den ich favorisieren würde, meinem Typ Mann entsprach, also eher südländisch. Ich wollte gerne einen Mann, der das Herz am rechten Fleck hatte und am besten auch etwas in der Birne.

Ich begrüßte einen neu Eintreffenden nach dem anderen, viele Daniels, viele Hochwasserhosen, viele schöne Augen. Und dann stieg ein weiterer Mann mit ebenfalls schönen Augen aus, aber in diesem Moment konnte ich das nicht anerkennen. Leander.

»Mama«, murmelte ich, strich mir mit beiden Händen über das Gesicht und schaute zu Boden. Wir hatten uns noch nie persönlich getroffen, aber ich wusste, dass er ein Bekannter meines Ex-Freundes war, ein No-Go? Ich dachte: ja. Ich war mir sicher, dass er an diesem ersten Abend schon wieder gehen konnte. Zugleich wusste ich, genauso schnell, wer, bevor die Rosenvergabe beginnen würde, eine Vorab-Rose von mir erhalten würde. Sie ging an Daniel, meinen Favoriten. Er lachte viel, war zuvorkommend, mit österreichischem Akzent.

Als der letzte Wagen davonfuhr und der letzte Mann hinunter in die Villa ging, erfolgte der Moment, der mich ins Schwitzen brachte. Unten würden zwanzig Männer auf einmal um mich herumstehen. Alle Augen wären auf mich gerichtet. Ich war hier, weil ich diese Möglichkeit nutzen wollte, dann musste ich jetzt auch über meinen Schatten springen. Deshalb tat ich etwas, das mich mutiger gemacht hat: Fake it till you make it.

Das heißt, man soll so tun, als ob man schon etwas ist oder kann, bis man es wirklich ist oder kann. Natürlich wird aus einer Katze kein Löwe und aus einem Tellerwäscher kein Millionär, es geht hier nicht um Hochstapelei. Die Redewendung ist wohl auch etwas zu negativ konnotiert. Denn ich finde, sie hat damit zu tun, dass man eine neue Eigenschaft an sich entdeckt, die man überhaupt nicht faken muss, man muss sie nur freilegen.

Ich stellte mir in diesem Moment vor, ich sei eine sehr selbstsichere Person, die überhaupt kein Problem mit der Situation hat. Wenn es dir hilft, kannst du imaginieren, wie du in eine andere Rolle schlüpfst. Wenn du dich in ihr und mit ihr wohlfühlst, ist es nichts mehr, was du spielen musst. Hättest du beispielsweise gerne eine leitende Position, musst du dich auch so verhalten, dass man dir das zutraut. Kompetent auftreten, auch wenn du dich lieber in ein Schneckenhaus zurückziehen würdest oder du dir einen Panzer wünschtest. Du kannst dem Unternehmen auch Verbesserungsvorschläge machen, das Team zusammenhalten und dem Vorgesetzten sagen, dass du diese Chance verdient hättest. Selbst wenn du nicht so ganz daran glaubst. Du wächst an deinen Aufgaben und das wirst du erst verstehen, wenn du dich der Aufgaben annimmst.

Ich schritt also den Gang hinunter. Hin und wieder lächelte ich verlegen, aber ich spürte auch, dass diese Konstellation gut für mich war. In den anderen Formaten hatte ich mir schwer damit getan, zwischen den anderen aufzufallen, ich hatte mich eher zurückgenommen. Ich musste nicht unbedingt die Lauteste sein, die sich in den Vordergrund stellte. Und hier musste ich nicht einmal laut sein, damit man mir zuhörte.

Die erste Entscheidung stand nach einigen Gesprächen an. Wer sollte das Haus verlassen und hätte dann keine Möglichkeit mehr, mich kennenzulernen?

»Die letzte Rose möchte ich jemandem geben, mit dem ich Startschwierigkeiten hatte«, sagte ich und tatsächlich reichte ich sie Leander. Er war zuvor auf mich zugekommen und meinte, er würde mich trotz allem gerne kennenlernen. Ich hatte in seine Augen geschaut und da hatte ich echte Aufrichtigkeit erkennen können. Später machte ich mir in aller Ruhe Gedanken über ihn. Ich wollte niemanden verletzen, aber schon wieder schien es, als ließe ich mich beeinflussen. Ich wusste nicht, was die Zuschauer, meine Familie oder mein Ex davon halten würden. Aber war das wichtig? Wir waren beide Single und erwachsen, ich würde mich selbst beeinflussen und so wählen, wie ich es gerne hätte und nicht andere.

Die letzte Rose für Leander hieß, dass ein Mann gehen musste. Als ich mich von einem der Männer verabschieden wollte, meinte er nur: »Auf keinen Fall.« Er ging ohne die erwartete Höflichkeit, vielleicht eine kurze Umarmung, sondern riss sich die Technik vom Körper und schleuderte sie zu Boden. Ich hätte mich über diesen Abgang ärgern können, aber ich hatte wohl auch eine gute Intuition gehabt, indem ich ihn nach Hause schickte. Ich brauchte meine Energie nicht an etwas zu verschwenden, das ich nicht ändern konnte. Und so gipfelten mein schwäbischer Akzent und meine innere Ruhe in einem Satz: »Kosch nix mache, ge.«

Diesen Satz sagte ich nicht nur in dieser Situation. Er ist ein Geheimtipp, um dieses Leben zu meistern. Ein Achselzucken, ein »Ist mir scheißegal«, Geduld und Gelassenheit. Denn auch wenn wir vieles kontrollieren können, manchmal können wir das eben nicht. Als ich im Bett lag und mein Blick meine alte Tumornarbe streifte, sah ich daneben einen weiteren Fleck. Ich ging näher heran, weil ich die Hoffnung hatte, dass es nur Schmutz oder eine dunkle Prellung war, aber er sah aus wie der erste Tumor, den ich hatte. Mittlerweile wusste ich auch, wie man ein normales Muttermal von einem Melanom unterschied. Ich fuhr mit den Fingerspitzen über die Stelle an meinem Bein.

Warum?

Das ist alles, was man sich in einem solchen Moment fragt. Warum prüft mich das Schicksal schon wieder, warum gerade jetzt, wo ich wieder aufblühe, die Depression schon nicht mehr spürbar ist. Ich war immer regelmäßig zur Kontrolle gegangen – warum jetzt? Würde ich jemandem Bescheid geben, wäre womöglich dieses ganze Projekt auf der Kippe. Es könnte einfach von heute auf morgen vorbei sein. Nein, das wollte ich nicht, es gab mir zu viel Kraft. Ich konnte nicht nach Hause. Ich nahm mir vor, den Fleck zu beobachten und ihn erst einmal für mich zu behalten, ich wollte mich nicht weiter mit ihm beschäftigen.

Aber wie es so mit den Dingen ist, über die man nicht nachdenken will, man denkt doppelt so viel darüber nach. Probiere es selbst aus: »Denk nicht an einen rosa Elefanten!« Hat es geklappt? Wahrscheinlich nicht, wir müssen uns dem Elefanten stellen, dem Problem, sonst trampelt er immer weiter in unserem Kopf herum. Brini, die mich während der Dreharbeiten die ganze Zeit hinter der Kamera begleitete, bemerkte, dass mir irgendwas auf meine Stimmung schlug. Es war die zweite Woche und ich hatte noch nicht viele Dates, eines mit Daniel, bei dem uns ein Tisch im Meer erwartete, mit den Füßen im Wasser, das ich sehr genoss. Weiterhin ein Gruppendate in einer kleinen Bahn, dem »Love Train«, auf Erkundungstour durch die Stadt.

»Du kannst darüber reden, wenn du willst«, sagte sie.

Ich schaute sie an. Brini und ich waren fast gleich alt und doch war sie wie eine Mutter für mich. Eine Mama-Schwester.

»Ich habe da etwas am Bein«, erwiderte ich und räusperte mich.

Sie nickte.

»Hast du Schmerzen?«

»Nein, es ist ein Mal.« Brini wurde ganz still. Im Bewerbungsgespräch musste ich alle Besonderheiten aufzählen, meinen Tumor hatte ich nicht verschwiegen. Sie musste sich daran erinnert haben, denn sie zögerte keine Sekunde.

»Du weißt, dass du was tun musst?«, fragte sie.

Ich atmete tief aus. »Ja.«

Ein Arzt erschien sofort in der Villa und überwies mich in ein Krankenhaus auf Kreta. Das war es, jetzt war es gelaufen. Kaum hatte es angefangen – und schon war es zu Ende. All meine Hoffnungen und Wünsche fielen wie ein Kartenhaus in sich zusammen. Es war nicht nur die Angst vor dem Tumor, sondern alles, was ich mir aufgebaut hatte, alles, was mir gerade so viel Energie gab, drohte wegzubrechen. Wie sollte der Dreh weiterlaufen, wenn ich operiert werden müsste?

Der Arzt im Krankenhaus sah sich das Bein an und meinte auf Englisch: »Das muss operiert werden.« Genau das, was ich befürchtet hatte.

Nein, nein, nein, dachte ich.

Und dann meinte er noch, dass der Eingriff mit Sicherheitsabstand gemacht werden müsste, was hieß, er wollte das Mal nicht präzise herausschneiden, sondern mit einem Radius von zwei Zentimetern. »Falls das Gewebe um das Mal herum befallen ist. So ist die Wahrscheinlichkeit, dass der Tumor wiederkehrt, geringer.«

Jetzt kamen sie, die Tränen. Ich wollte mich nicht sorgen und ich wollte auch keine weitere Narbe. Ich hatte doch schon eine, die etwa fünfzehn Zentimeter misst. Sie gehörte zwar zu mir, ich hatte mich an sie gewöhnt, aber musste es noch eine sein?

»Ist das wirklich nötig?«, fragte ich.

»Das kann ich erst mit Sicherheit sagen, wenn wir nach der Operation das Gewebe untersucht haben«, erwiderte der Mediziner. Aber das Mal würde auf einen schwarzen Hautkrebs hindeuten, es sei asymmetrisch, hätte keine klare Begrenzung und sei zu groß für ein gewöhnliches Muttermal.

»Wenn es einen anderen Weg gibt, und den gibt es, werde ich mich jetzt nicht operieren lassen«, sagte ich, denn keinesfalls wollte ich diesen Sicherheitsabstand.

»Es ist zu Ihrem Besten«, sagte der Arzt.

Ich bestand jedoch darauf, dass er erst eine Probe entnahm. Wir diskutierten hin und her und am Ende ließ er sich umstimmen.

Ich ging aus dem Behandlungszimmer und sah, dass ein Teil der *Bachelorette*-Produktion auf mich wartete. Sogar der Produktionsleiter. Ich merkte, dass sie auf der einen Seite wissen wollten, wie es weitergehen würde, das wollte ich ja auch. Aber auf der anderen Seite waren sie nicht die Betreuerin, nicht der Leiter, sie waren Menschen. Sie fragten, wie es mir ginge, sie kümmerten sich um mich. Ich bekam Gänsehaut. Ich rechne dem Team das heute noch hoch an.

»Okay«, sagte ich schließlich, »wenn es bösartig ist, breche ich die Produktion ab, aber bis zum Ergebnis der Biopsie machen wir weiter.« Ich spürte, wie eine Urkraft in mir aufstieg, eine Kraft, allem zu begegnen, was kommen würde. Aber ich merkte auch, dass sich Ärger in mir breitgemacht hatte. Ich konnte es nicht verstehen. Ich bezog es auf mich, als würde mir absichtlich jemand diese Zeit nehmen wollen. Es konnte doch nicht sein, dass in meinem Leben immer in den schönsten Momenten etwas passierte, das so gar nicht schön war.

Und hier haben wir schon den ersten Denkfehler. In Momenten, in denen uns etwas passiert, das wir nicht wollen, suhlen wir uns am liebsten in Selbstmitleid und Selbstmitleid färbt alles schwarz. Warum geschieht das gerade mir? Warum hat man mir das angetan? Warum ist das so? Aber das ist eine rein subjektive Sichtweise. Niemand hat nur Pech oder nur Glück. Selbst Glück ist subjektiv. Man denke nur an den 2018 verstorbenen britischen Astrophysiker Stephen Hawking, der sich viele Jahre weder bewegen noch sprechen konnte. Es muss schwer sein, ein Leben lang so an einen Rollstuhl gefesselt zu sein, eigentlich ist es unvorstellbar. Hawking sagte einmal: »Als ich einundzwanzig war und ALS bekam, fand ich das außerordentlich unfair. Warum gerade ich? Damals dachte ich, mein Leben sei zu Ende.«[33] Später meinte er, er sei glücklicher als vor seiner Krankheit. Erst sie hatte ihn dazu gebracht, seinen Verstand einzusetzen und all die großartigen Erkenntnisse unbedingt in die Welt zu tragen, weil er verstanden hatte, dass das Leben endlich war und man es zu nutzen hatte.

Das war nicht nur ein Perspektivenwechsel, den Hawking da vollzogen hatte oder Resilienz, er war noch einen Schritt weitergegangen. Denn er hatte gewusst, dass es in einem Sinne nicht besser werden würde: Er akzeptierte, dass er nie wieder gesund werden würde. Er akzeptierte seine Situation so, wie sie war. Und das ist die größte Leistung, die ein jeder von uns ebenfalls tun kann. Zu erkennen, wann es sinnlos ist, sich gegen etwas aufzulehnen. Der US-amerikanische Philosoph und Theologe Reinhold Niebuhr verfasste während des Zweiten Weltkriegs das »Gelassenheitsgebet« (»Serenity Prayer«), das weltweit vielen Menschen Kraft gab und noch immer gibt, ob sie nun religiös sind oder nicht: »Gib mir die Gelassenheit,

Dinge zu akzeptieren, die ich nicht ändern kann, den Mut, Dinge zu ändern, die ich ändern kann, und die Weisheit, das eine vom anderen zu unterscheiden.«[34]

Ich sagte mir: »Du musst dich auf die Urkraft besinnen, die du in dir gespürt hast. Den Ärger sollst du nicht ignorieren, aber ihn und die Situation akzeptieren, denn wie es aussieht, ist sie nicht zu ändern.« Ich musste auf dieses Ergebnis warten, dabei die Kontrolle über mich auch loslassen, denn sonst hätte ich die ganze Zeit auf verlorenem Posten und gegen mich selbst gekämpft.

Mache Frieden mit allem, was du nicht kontrollieren kannst, dann spürst du den Frieden in dir.

Frag nicht mehr »Warum?«, darauf gibt es sowieso nur eine Antwort. Darum. Es ist, wie es ist. Manche Sachen kannst du nicht ändern. Und je mehr du es versuchst, je mehr du dich daran reibst, umso mehr blockierst du dich. Es gibt Dinge, die sind einfach unkontrollierbar. Punkt.

Da wäre einmal die Veränderung. Nach dreißig Jahren möchte eine Frau allein durchs Leben gehen und reicht die Scheidung ein. Ein Großkonzern kündigt 300 Arbeitnehmer, weil die Produktion nach Polen verlegt wurde. Natürlich sollte man versuchen, solche Entscheidungen anzufechten – der Frau eine Paartherapie anbieten, einer Gewerkschaft beitreten und sich eine Trillerpfeife anlegen, aber dafür braucht es Mut.

Es ist manchmal ein schmaler Grat, um zu erkennen, wann etwas aussichtslos wird. Manchmal ist es nur zu offensichtlich: Wir alle werden älter und müssen sterben, also nehmen wir besser die Falten an und leben, als wäre es unser letzter Tag. Oder wollen wir uns lieber quälen? Ähnlich ist es auch bei der Meinung anderer Menschen. Du kannst versuchen, allen gerecht zu werden, um ihre Gunst zu bekommen. Du kannst zum Workaholic werden und deinen Chef dafür hassen, doch er wird dich trotzdem nicht mehr wertschätzen. Du kannst den Nobelpreis erhalten, doch irgendjemand wird immer sagen, dass du ihn nicht verdient hättest.

Überlege Folgendes: Du hast das Gefühl, dass die Nachbarn, deine Eltern, deine Mitschüler dich erst bewundern würden und auf dich stolz wären, wenn du einen angesehenen Job hättest. Ärztin, Menschenrechtsanwältin, Managerin. Hast du dann das lange Studium hinter dich gebracht und bist wegen der vielen Arbeit Single, löchern dich die Leute, woran das denn liegen würde. Bist du dann verheiratet, fragen sie, warum du noch keine Kinder hast. Hast du Kinder, wollen sie wissen, warum du wieder zu arbeiten angefangen hast. Wenn du aber zu Hause bei den Kindern bleibst, fragen sie, warum du überhaupt studiert hast. Das ist die bittere Realität. Versuch also erst gar nicht, es anderen recht zu machen. Manche Dinge sind eben nicht zu ändern. Das war bei mir genauso, erst sagte man mir, ich würde niemals ausreichend Geld verdienen, und als ich es dann tat, hieß es: »Ja, aber Influencen – das ist doch nichts für die Zukunft. Was ist, wenn du das in zehn Jahren nicht mehr machen kannst?« Tja, the future is not us to see. What will be, will be.

So ist es auch beim Wetter. Ob es stürmen oder schneien oder strahlenden Sonnenschein geben wird, wir wissen es nicht, wir können nur sagen: Was kommt, das kommt. Und trotzdem tun wir uns schwer damit. Wir sagen, bei einer Hochzeit soll es nicht regnen, bei einer Tagung soll es nicht so heiß sein. Aber das Wetter können wir genauso wenig beeinflussen wie die Zeit. Wir verfügen über keine Zurück-in-die-Zukunft-Maschine, mit der wir Peinliches oder Schmerzhaftes rückgängig machen können. Es ist nicht leicht, diese Abhängigkeit zu akzeptieren, ja, wir sind sogar von Amor abhängig. Wen wir lieben und wer uns liebt, liegt nicht in unserer Macht. Wir können uns in jemand Jüngeres oder Älteres verlieben, in das gleiche Geschlecht, in jemanden, mit dem wir gar nichts gemeinsam haben, oder auch in jemanden, der uns nicht guttut. In einigen Fällen ist das auch schön, nicht umsonst sagt man: »Wo die Liebe hinfällt …« Aber in anderen Fällen sollten wir standhaft bleiben. Wie oft hatte ich gelitten, weil ich nicht akzeptiert hatte, dass der Mensch an meiner Seite sich nicht für mich ändern würde. Ich betete: »Lass mich jemand anders lieben« – das passierte zwar nicht, aber mir wurden die Augen geöffnet. Und ich arrangierte mich damit, dass sich nichts ändern würde, vor allem mein Partner nicht.

Wie fällt Akzeptanz, die so wichtig ist, um Frieden zu schließen, um loszulassen, leichter? In einigen Situationen hilft nur Vergebung. Du darfst dir vergeben, wenn du nicht alles richtig gemacht hast, du darfst deinen Eltern vergeben, die ja auch nur Menschen sind. Werde dir bewusst, dass auch sie ihre Kämpfe austrugen, dass sie durch ihre Glaubenssätze so sind, wie sie sind. Die meisten von ihnen haben nur das gemacht, was sie für richtig hielten. Wenn sie harte Strafen verhängten, wollten sie ihre Kinder vor dem falschen Weg bewahren. Wenn sie kritisierten und schimpften, dann, weil sie selbst unzufrieden waren.

Vergebung bedeutet, sich selbst und anderen mit Liebe zu begegnen, und diese Liebe kommt zu dir zurück.

Aber wie soll man einem Menschen vergeben, der einen schlug, der sogar tötete? Soll man Mördern verzeihen? Das sind wohl die Grenzen der Vergebung. Ich denke nicht, dass ich es könnte, aber ich spreche davon, um zu zeigen, dass der Hass in einem wie eine Krankheit ist, die einen von innen zerfrisst. Buddha sagte, an Ärger festzuhalten sei, als wenn man sich an einem glühenden Stück Kohle festhalten würde, um damit nach jemandem zu werfen. Der Einzige, der sich dabei verbrennen würde, wäre man selbst. Es gibt Fälle wie diesen: Ein Vater verlor seine Tochter und übte Selbstjustiz. Seine andere Tochter verlor dadurch ihren Vater, der ins Gefängnis musste und trotzdem nicht glücklicher war.

Wenn wir sehr leiden, wollen wir auch nichts mehr, als unentwegt zu leiden, und stürzen uns und andere dann ins Unglück. Denn warum sollten wir glücklich sein, wenn anderen das Glück nicht vergönnt war? Aber es ist so: Es passiert Schlechtes in der Welt, sehr viel Schlechtes, Unerträgliches, und doch müssen wir es ertragen lernen. Wir tun es ja schon, sonst würden wir bei den täglichen Nachrichten immer weinen müssen. Und in den dunkelsten Stunden, wenn uns selbst oder Menschen, die uns nahestehen, etwas passiert, sollten wir uns fragen: Für wen und warum wollen wir weitermachen, weiterleben? Das ist eine große Aufgabe. Und wenn wir uns ihrer annehmen, bedeutet das, aktiv zu werden und in die Zukunft zu schauen. Lass die Vergangenheit los, denn: »Was geschehen ist, ist geschehen.«

Es gibt viele Sätze, die du dir unterstützend aufsagen kannst. In der hawaiianischen Kultur gibt es ein schönes und auch kraftvolles Ritual mit dem Namen Ho'opono-pono. Es heißt so viel wie »etwas in Ordnung bringen« oder »zurechtrücken«. Dieser Brauch wird teilweise sogar als Therapieform praktiziert. Er soll helfen, zu vergeben, denn belastende Ereignisse und Konflikte, mit denen wir nicht abschließen können, würden uns krank machen. Wir könnten uns heilen und loslassen, wenn wir vier Sätze wiederholen:

»Es tut mir leid.«
»Bitte, verzeih mir.«
»Ich liebe dich.«
»Danke.«

Besonders unserer Familie, unseren Freunden, unserem Partner und ja auch uns selbst sollten wir diese Worte viel öfter sagen, aber sie auch regelmäßig innerlich wiederholen. Vielleicht spüren wir danach nichts, aber vielleicht spüren wir auch Liebe. Den Menschen gegenüber, die uns wichtig sind, auch wenn sie uns verletzt haben, aber auch uns selbst gegenüber. Ich habe vielen Menschen vergeben, selbst meiner toxischen Beziehung. Vergeben bedeutet ja nicht, das Ganze gut zu finden oder zu vergessen. Aber ich lerne daraus. Ich verzeihe, damit ich mir selbst verzeihen kann und der Weg frei ist.

Wie kannst du den Weg noch frei machen? Indem du deinen Kopf frei machst. Und das geht tatsächlich durch Schreiben. Hätte ich nicht dieses Buch schreiben dürfen, hätte ich das womöglich nie gemerkt. Als ich in der Vorbereitung steckte und erst einmal alles sammelte – was ich erlebt, was ich gelernt hatte –, da dachte ich, es wäre besser, wenn ich mir ein Notizbuch anlegen würde. Klar, das geht auch auf dem Smartphone oder dem Computer. Aber mit Stift und Papier, das hatte etwas Erdendes. Als würden die Worte von meinem Kopf über mein Herz direkt in den Stift fließen und sich auf dem Papier selbstständig ordnen. Ich war im Flow, alles war im Flow. Es musste auch keinen literarischen Wert haben, die Unterlagen waren für mich als Gedächtnisstütze gedacht. Und das machte es so frei und so authentisch.

Du kannst es selbst versuchen. Stelle den Wecker auf zehn Minuten und schreibe drauflos, Freewriting nennt sich das. Ohne Wertung, alles, was dir gerade in den Sinn kommt. Und ist es auf dem Papier, ist es raus aus deinem Kopf. Du kannst aber auch strukturierter vorgehen und überlegen, was dich belastet und es in Form eines Tagebuchs aufschreiben. Hauptsache, du bist ehrlich zu dir selbst. Eine dritte Möglichkeit ist, Briefe zu verfassen, die du niemals abschicken wirst. Adressiere einen Brief an die Person, die dich im Moment beschäftigt. Es kann beispielsweise dein Freund sein, dem du deine Gefühle mitteilen möchtest. Du kannst schreiben, wie zornig dich etwas gemacht hat, dass du genervt bist, du kannst ihm mitteilen, was du brauchst. Alles, was du formulierst, formt sich. Mir ist vieles durch das Schreiben bewusst geworden, wie ich mich etwa gebrochen und wieder zusammengesetzt habe. All das konnte ich auf diese Weise aufarbeiten.

Das kann das Schreiben tatsächlich bewirken: eine Aufarbeitung der Erlebnisse. Dazu kommt noch, dass man besser mit Stress umgehen kann, besser kommuniziert und sich sozial integriert und kreativer wird. Sogar die ganze Persönlichkeit kann dadurch einen Entwicklungsschub bekommen, weil das Schreiben zu mehr Selbstvertrauen und Selbstwirksamkeit führt. Deshalb wird die Schreib-therapie auch gerne bei psychischen Erkrankungen wie Depression, Angststörungen und Sucht angewendet. Aber nicht nur, sogar bei Asthma, HIV und anderen Immun-schwächen hat das Schreiben positive Effekte, sogar ande-re körperliche Schmerzen können gelindert werden. Das alles ist mehrfach wissenschaftlich belegt.[35]

Wenn du alles aufgeschrieben hast, was machst du dann damit? Gefallen dir Rituale, gefallen dir sicher auch sym-bolische Handlungen. Ja gut, es fühlt sich immer bisschen komisch an, aber das Empfinden hinterher ist alles andere als komisch. Du kannst ein Blatt mit all deinen negativen Gefühlen nehmen und es anzünden – oder den Hassbrief. Sehen, wie sich die Flamme vorfrisst und braune Stellen hinterlässt, wie schließlich nichts mehr übrig ist. Nur graue Asche, in der dein Schmerz und deine Trauer ste-cken. Die Asche wird sich mit der Natur vereinen. Du hast losgelassen.

Auch ich versuchte loszulassen und zu genießen, was ich bei *Die Bachelorette* erleben durfte. Ich wollte mir nicht den Moment kaputt machen, weil ich immer wieder darü-ber nachdachte, was die Untersuchung der Probe ergeben könnte. Es ist Unsinn, sich Sorgen über das zu machen, was auf einen zukommt. Man wird es früh genug wissen und doch ist es schwer, abzuschalten. Manchen hilft es, über den Worst Case nachzudenken. Was wäre, wenn al-les, was schieflaufen kann, tatsächlich schiefläuft? Ich fand das in meinem Fall ziemlich deprimierend, denn es konnte ja sein, dass es ein bösartiger Tumor war, der sogar ge-streut hatte. Ich konnte daran sterben. Aber was an einer solchen Überlegung sinnvoll ist: Man möchte den Worst Case verhindern. Dadurch, dass ich wusste, dass ich nicht sterben wollte, wollte ich mich unbedingt operieren lassen, auch wenn es bedeutete, die *Bachelorette* zu verlassen.

Ich schaute auf das Pflaster auf meinem Bein. Da es auch beim ersten Mal nicht so ernst war, wie man anfangs vermutet hatte, konnte ich jetzt nichts weiter tun, als abzuwarten und jeden Augenblick intensiv wahrzunehmen. Manchmal gelang es mehr, manchmal weniger, doch durch Achtsamkeit legte sich das. Auch Leander war aufmerksam, er bemerkte das Pflaster, und ich sagte, dass ich es ihm in einer stillen Minute erzählen würde, denn ich wollte nicht, dass das zum Thema in der Sendung gemacht wurde. Auch die Untersuchung im Krankenhaus wurde nicht thematisiert. Ich wollte kein Drama, ich wollte Dates.

Heute erwartete mich ein Date mit den drei Daniels bei einer Kaffeesatzleserin. Ja, das hatte ich mir selbst ausgesucht. Nach Hellseherei und dem Legen von Karten war das in Griechenland ein altes mystisches Ritual, das ich gerne kennenlernen wollte – auch um zu sehen, wie die Männer darauf reagierten. Wir tranken einen starken, aber samtigen Kaffee, und die Frau wartete einige Minuten, drehte die Becher um und stürzte den Satz auf einen Unterteller. Die Männer machten sich nicht darüber lustig, ganz im Gegensatz zum ersten Abend, als mir ein Kandidat ein Palo-Santo-Holz mitbrachte, ein heiliges Holz, dessen Rauch positiv stimmen sollte. Die anderen lachten laut und ich sagte, dass sie wohl nicht wissen würden, dass mir so etwas gefalle. Und ich will natürlich einen Mann, der mich so akzeptiert und ernst nimmt, wie ich bin. Die Kaffeesatzleserin sah sich den Satz an und es wurde für alle Männer emotional. Als ich an der Reihe war, sagte sie: »Du bist wegen irgendetwas traurig. Aber deswegen brauchst du nicht traurig zu sein.«

Das Ergebnis war noch nicht da und ich dachte: Ob sie das wohl damit meint? Sie fügte dem noch hinzu: »Mit deiner Gesundheit ist alles in Ordnung.« Das wiederholte sie zweimal. Konnte das wahr sein? Obwohl ich es noch nicht schwarz auf weiß hatte, fühlte ich augenblicklich eine Erleichterung. Dann meinte sie noch, dass meine Familie an mich denken würde. Das war jetzt nicht weiter überraschend, natürlich, aber dann sagte sie langsam und klar: »Besonders dein Vater.« In mir rührte sich ganz viel, man sah es mir an. Die Männer verstanden gar nicht, was in mir vorging, und weil auch sie sich mir gegenüber geöffnet hatten, sprach ich das erste Mal in der Öffentlichkeit darüber. Dass meine Eltern getrennt wären, dass ich nicht den Kontakt zu meinem Vater hätte, den ich mir wünschte. Auch die anderen sprachen von ihren Familienverhältnissen und Gefühlen und das brachte uns einander näher.

Zwei Tage nach diesem Ergebnis bekam ich einen Arztbrief in die Hand gedrückt. Negativ. Das hieß, der Tumor war gutartig. Ich hätte mir gar keine Sorgen zu machen brauchen – aber das weiß man ja immer erst hinterher. Ich war ausgelassen und fühlte mich stark, schon wieder hatte eine Seherin richtig gedeutet. Hatte sie auch recht mit meinem Vater? Den Fernsehzuschauern blieb ich die Antwort schuldig, denn wir hatten auch bei dieser Sendung keinen Kontakt zur Außenwelt haben, damit wir uns auf die Zeit vor Ort und unsere Gefühle konzentrieren konnten – kein Handy, kein Tablet, kein Laptop. Als ich dann wieder online war, entdeckte ich eine SMS: »*Hallo Melissa, freu mich schon auf die nächste Folge. Hab dich ganz doll lieb!*«

Es war wirklich mein Vater. Wir Menschen neigen dazu, schöne Momente zu zerstören, weil die Vergangenheit in die Gegenwart hineinwirkt. Ich hätte zweifeln können –

warum meldet er sich ausgerechnet jetzt, warum haben wir so viele Jahre verschwendet? Aber ich ließ los und konnte mich freuen. Was war, das war, und was kommen würde, würde kommen. Ich wusste, wie wichtig Vergeben und Lieben ist, und so schrieb ich zurück: »Ich hab dich auch lieb, Papa.«

Überhaupt habe ich bei der *Bachelorette* wichtige Lektionen in Sachen Liebe und Loslassen gelernt. Jede Woche musste ich Männer loslassen, auch wenn ich mir nie sicher sein konnte, ob meine Entscheidung die richtige war. Und nicht nur das: Ich legte ein altes Muster ab, aber von vorne.

Die Rose und die Schlange

Bevor ich wusste, dass ich die Bachelorette wurde, ließ ich mir ein Tattoo in der Mitte des Brustkorbs stechen. Es zeigt eine Schlange, die sich um eine Rose wickelt. Die Schlange sehe ich als Metapher aus der Bibel. Sie verführte Eva dazu, vom verbotenen Baum zu essen, weshalb Gott beide, Eva und Adam, aus dem Paradies vertrieb. Eva bekam als Strafe die Schmerzen der Geburt und den Satz: »Du wirst dich nach deinem Mann sehnen; aber er wird dein Herr sein.« Niemand dürfte über mich herrschen und niemand sollte mich verführen können. So steht die Schlange unter anderem für den Teufel, für all das Böse in der Welt, und ich bin die Rose. Die Rose, die ihre innere Schönheit verteidigt, zur Not mit Dornen.

Bei der *Bachelorette*, als ich tatsächlich Rosen verteilte, mutete das wie ein komischer Zufall an. Ich wäre mehr oder weniger die letzte Rose, die ein Mann bekommen würde, wenn ich denn wollte. Dieser Umstand setzte mich unter Druck. Das hatte ich ja schon vorhergesehen, weshalb ich fast nicht an der Sendung teilgenommen hatte. Mittlerweile war die fünfte Drehwoche angebrochen und ich hatte noch niemanden richtig an mich herangelassen. Es gab einen intensiven Austausch von Blicken, intensive Gespräche und klopfende Herzen, aber es gab noch keinen Kuss. Darüber wunderte man sich bei der Ausstrahlung der Folgen auch in der Presse und in den sozialen Medien, da man sich normalerweise schon in der ersten oder zweiten Folge näherkam. Ich fragte mich, ob meine Dornen so spitz waren, weil ich Angst davor hatte, verletzt zu werden, weil ich Angst hatte, zu vertrauen. Aber das musste in Ordnung sein, begriff ich doch viel deutlicher als zuvor, was ich nicht wollte und was ich wollte. Ich wollte es langsam angehen und ein Mann, der darauf aus war, mich kennenzulernen, würde das respektieren.

Den ersten Kuss gab es aber dann doch noch in dieser fünften Folge, auf einer Dachterrasse im Kerzenschein. Ich erwähnte ja bereits, dass ich nicht so romantisch wäre, eher pragmatisch, und das merkte man in einigen Momenten. Einer der Männer, den ich in den vergangenen Wochen gerne gewonnen hatte, hatte nun ein Einzeldate mit mir. Er wollte mich mit einer Erdbeere füttern und meinte: »Ich weiß, du magst das nicht, aber du musst das lernen.« Ich musste gar nichts lernen und ich erwiderte, dass ich doch kein Tier sei. Woraufhin er sagte, ich wäre ein Tiger. Nur zum Verständnis: Mit Kosenamen kann ich auch nichts anfangen. Schließlich gab er mir zu verstehen, ich könne ihn vervollständigen. Nett gemeint, aber ich antwortete mit einem »Oh« und dass man aus diesem Grund keinen Partner suchen sollte.

»Stimmt nicht, was du sagst. Du versuchst aus zwei ja eins zu machen«, erklärte er.

»Nee. Falsch. Man muss selbst vollkommen sein und der Partner ebenfalls«, antwortete ich energisch.

Doch er schüttelte seinen Kopf und so hörte ich auf zu reden.

»Dann wärst du ja für immer allein«, sagte er schließlich.

»Ja, so ist es.«

Das war und ist meine Auffassung von einer Beziehung. Man sollte sich zwar auf den anderen verlassen können und das Gefühl haben, nicht alleine zu sein, aber letztlich wäre man doch irgendwie alleine. Aber mehr im Sinne von: ein eigener Mensch. Man könnte auch mal ohne den Partner in den Urlaub fahren, man hätte eigene Freunde, eigene Ziele und würde auch eigene Wege gehen. Ich wollte keine Beziehung, in der man sich brauchte, in der man abhängig voneinander war, sondern eine, in der man sich freute, dass man sich hatte.

Trotz allem war da etwas in der Luft. Mir gefiel, dass auch er wusste, was er wollte. Mich. Er gestand, er könne mir kaum in die Augen schauen, weil er darin versinken würde. Daraufhin sagte ich: »Versink doch.« Er solle sich entspannen, er sei zu sehr »im Kopf unterwegs« und da küsste er mich. Später war er auch der Erste, der bei mir übernachten durfte. In dieser Nacht waren keine Kameras dabei und man konnte sich anders unterhalten und mehr Zeit miteinander verbringen – für mehr war es natürlich zu früh. Am nächsten Morgen verabschiedete ich ihn ohne einen weiteren Kuss. In der Nacht hatte er mich unter Druck gesetzt, indem er im Ernst zu mir sagte: »Mach keinen Unsinn.« Ich hatte ja verstanden, dass er unbedingt die Rose haben wollte, aber es waren noch sieben andere Männer mit im Spiel – und da war Eifersucht fehl am Platz. Ich mochte seine Nähe, aber keineswegs wollte ich mich einengen lassen. Um ihn aber nicht zu verletzen, wollte ich ihm beim nächsten Date erklären, warum ich etwas kühl zu ihm gewesen war.

»Es war einfach zu schnell zu viel.«

»Zu schnell zu schön.«

»Zu viel.«

»Zu schön, sei doch ehrlich.«

»Nein, es … Aua!« In diesem Augenblick hatte er mich leicht gekniffen. Aber er gab dann zu, dass es sein Fehler gewesen sei, und so lockerte sich die Stimmung.

Ich nahm ihn sogar mit bis ins Halbfinale. Dann kam

unser Dream-Date, eine Mopedfahrt auf Santorin, eine Weinprobe, ein Abendessen mit Blick auf die Gegend – aber mit einem Traum hatte das nichts zu tun. Es war eher Krisensitzung statt Kussstimmung. Wir drehten uns im Kreis, er wollte immer wissen, wo er denn stehe, aber das konnte und durfte ich ihm nicht sagen. Ich wollte die Zeit mit ihm genießen – warum war das nur so schwer für ihn zu verstehen? Er gab mir die Schuld, sagte: »Bei dir ist, glaube ich, viel Chaos, da fängt es an.« Das Chaos fängt also bei mir an, nicht etwa bei ihm oder uns. Unsere Situation ist auf mich zurückzuführen. Ich hörte fast ein Klicken in meinem Kopf, etwas dämmerte mir, aber ich versuchte weiterzumachen, ihm noch eine Chance zu geben, und so schmiegte ich mich, als es nach dem Essen zum Chillen in die Kuschelecke ging, auf der Couch an ihn, um der Diskussion ein Ende zu setzen.

»Kriege ich einen Kuss?«, fragte er und bei mir machte es wieder »klick, klick, klick«.

»Gerade nicht«, antwortete ich.

»Komm her.«

Ich verneinte.

»Lass mal drücken, komm her.«

Muster heißen nicht umsonst Muster, sie wiederholen sich wie ein Kästchen auf einem Hemd. Es war wie in meinen letzten toxischen Beziehungen. Ich fühlte mich wie dort, ganz klein und eingeengt, als würde man mir das nehmen wollen, was ich auf dieser Reise erst wiedergefunden hatte. Mein Lachen. Ich fühlte mich unwohl, keine Leichtigkeit, kein Knistern. Und natürlich lag es nicht nur an ihm, es lag an uns. Das sagte ich ihm auch, bevor ich ihn zurückschickte, obwohl die Dream-Dates immer mit einer Übernachtung endeten. Aber eine solche hätte sich für mich nicht richtig angefühlt. Am nächsten Morgen hatte ich die kleine Hoffnung, dass wir alles vergessen, uns wieder tief in die Augen schauen könnten. Doch dann sprach er an, was ich ihm in der gemeinsamen Nacht im Vertrauen gesagt hatte. In jener Nacht hatte ich das Gefühl gehabt, mich ihm gegenüber öffnen zu können, weil er mich zu hundert Prozent kennenlernen wollte, jedenfalls hatte er das so gesagt. Und ich hatte auch angenommen, so wäre er etwas beruhigter, weil ich ihm ja noch nicht sagen konnte, ob er derjenige ist, für den ich mich am Ende entscheiden würde.

Beim Frühstück meinte er nun, dass jeder mal in eine dunkle Grube fallen würde, dass jeder seine Geheimnisse hätte und dass mich das zu dem gemacht hätte, was ich heute sei. Er spielte damit auf die Depression an, aber zu dem Zeitpunkt hatte ich genug von öffentlichen Verurteilungen, das war privat gewesen und ich hatte es privat halten wollen. Anders als heute, wo ich stark genug bin, diese schwere Lebensphase mit anderen zu teilen, um sie zu motivieren, sich zu öffnen und sich Hilfe zu suchen. Damals jedoch wollte ich nicht in Bedrängnis gebracht werden, ich wollte selbst entscheiden, was ich vor Kameras erzählte und was nicht. Ich konfrontierte ihn damit, aber er verstand mich nicht, bis ich etwas tat, was noch keine Bachelorette gemacht hatte. Ich brach das Dream-Date vor laufender Kamera ab.

Am Abend der Rosenvergabe, als ich entscheiden musste, wer ins Finale kommen würde, dachte ich an mein Tattoo. Dieser Mann war nicht das Böse, obwohl er später leider so dargestellt wurde, er kam nur nicht gut mit der Situation zurecht. Er hatte Verhaltensweisen an sich gehabt, die problematisch waren, aber sie sollten nicht benutzt werden, um ihn als Menschen anzugreifen. Schon in der zweiten Folge hatte er sich verraten mit der Aussage: »Die Frau, die mir gehört …« Er hatte sich noch korrigiert: »… zu mir gehört«, aber das Besitzergreifende und damit verbundene Forderungen tauchten immer wieder auf: Ich muss etwas tun, ich soll das so und so machen … Nein, ich war die Rose. Doch an dem Abend fiel es mir trotzdem schwer, darüber zu entscheiden, wer gehen musste. Ich hatte tatsächlich für alle drei noch verbliebenen Männer Gefühle entwickelt. Was wohl auch daran gelegen hatte, dass wir so intensive Tage miteinander verbracht hatten. Vorher hätte ich mir so etwas gar nicht vorstellen können. Zwischenzeitlich hatte ich sogar gedacht: Vielleicht verliebe ich mich in keinen. Ich war also ziemlich unsicher, als mir einer der Kameramänner sagte:

»Melissa, du bist gerade in deiner Komfortzone.«

»Was meinst du damit?«

»Überleg doch mal, alle drei Männer haben dir ihre Gefühle gestanden. Alle drei sind verliebt in dich. Können sich vorstellen, mit dir zu leben. Du hast die Wahl.«

»Das ist ja das Problem«, sagte ich.

»Nein, das ist die Lösung.« Ich solle einfach nachfühlen, was jeder Mann mir bedeutete, und dann entscheiden. Der Kameramann hatte recht gehabt, ich war in meiner Komfortzone, weil ich eigentlich gar keine Entscheidung treffen wollte. Aber Entscheidungen sind es, die uns unseren Träumen und Zielen näher bringen.

Jetzt freute ich mich, dass ich die Wahl hatte, und im Grunde war es auch ganz klar, wer gehen musste. Der Mann, den ich beim Frühstück weggeschickt hatte, bekam an diesem Abend keine Rose von mir. Diese Entscheidung war eine weitere Entscheidung für mich.

Ich war stolz auf mich, ich hatte die alten Muster wie eine Wand durchbrochen – und das durch Reflexion und neue Erfahrungen.

Genau, dieses Mal wollte ich keine ungesunde Beziehung mehr. Er sagte später selbst, es wäre auch nicht gesund für ihn gewesen. Wir wären nicht glücklich geworden, auch wenn ich Gefühle für ihn entwickelt hatte – aber eben nicht nur für ihn, sondern auch für die zwei verbliebenen Männer.

Und mit beiden war es so schön, so einfach. Und die letzte Entscheidung war die, die wirklich schwierig war. Aber im Moment war das nicht wichtig, ich spürte ein Gefühl in mir, ein stilles, aber ein ganz und gar erfüllendes Gefühl.

Dankbarkeit –
ich habe mein Lachen
wiedergefunden

Egal ob ich mit der großen Liebe aus dieser Sendung gehen würde, ich war schon jetzt zufrieden. Ich hatte eine wundervolle Zeit. Ich war mir selbst treu geblieben, auch wenn das in einem romantischen Format ungewohnt war: So musste ich ein Date unterbrechen mit den Worten: »Ich muss aufs Klo. That's Melissa.« Bislang hatte ich viel gelacht und erlebt. Es gab einige Highlights. Besonders die Momente mit den zwei Männern, die ins Finale kamen, waren allesamt schön. Es war Daniel, der die erste Rose bekam, und Leander, der die letzte Rose am ersten Abend, der ersten Rosenvergabe erhielt.

Bei Daniel hatten sich viele von Anfang an vorstellen können, dass er der Finalist sein würde, auch mich hatte er mit seinem Charme, seiner Liebenswürdigkeit und seinem Humor in den Bann gezogen. Wir küssten uns bei einem Helikopterflug und lachten gemeinsam mit seinem Vater, der sich für mich bei Instagram anmelden wollte. Ich durfte die Angehörigen der letzten vier verbliebenen Männer kennenlernen, die extra nach Griechenland gereist waren. Auch den Vater von Leander mochte ich sehr, er strahlte die gleiche Stärke aus wie sein Sohn.

Bei Leander war es Liebe auf den zweiten Blick, auch wenn »Liebe« zu diesem Zeitpunkt noch nicht das richtige Wort war. Aber ich spürte, dass da mehr war. Auf einmal waren die lähmenden Gedanken, die Geister der Vergangenheit nicht mehr existent, die Geister in Gestalt von: Bin ich genug? Mag er mich? Wird er mich verletzten? Er gab mir etwas von seiner Ruhe, zudem konnten wir gemeinsam lachen, so als er es nicht schaffte, den Prosecco zu öffnen, und den Korken abbrach. Zum Glück hatten wir noch eine zweite Flasche.

Beim Date mit ihm war mir aufgefallen, dass er immer die richtigen Worte zur richtigen Zeit sprach. Und überhaupt nicht einstudiert. Wenn er etwas fühlte, dann sagte er es. Und das konnte auch mal länger dauern, ähnlich wie bei mir. Und so wie er sich öffnete, öffnete ich mich. Er sagte, er wünsche sich etwas Langfristiges, er möge Bedeutungsvolles, erklärte, Stille könne auch schön sein. Und: »Ich stell mir vor, dass wir zusammen eine Reise machen.« Das fand ich natürlich richtig toll und dann fügte er noch hinzu: »Du bist echt was Besonderes!«

Ja, ich war zufrieden, unabhängig davon, wie es ausgehen würde. Und das war bislang nicht immer so gewesen. Meine Zufriedenheit war oft genug an Bedingungen geknüpft gewesen. Ich dachte: Wenn Wochenende ist, dann kann ich ein bisschen Spaß haben. Wenn ich schon Urlaub hätte, wäre ich so viel entspannter. Wenn erst der Sommer da wäre, würde es mir besser gehen. Wenn ich wieder in meine alte Hose passe, fühle ich mich wohler. Wenn ein Mann mich liebt, werde ich glücklich sein.

Und? War es so? Manchmal, wenn ich es erreicht hatte. Aber war der Urlaub vorbei und saß ich zu Hause in Deutschland wieder in meiner Wohnung, ging es mir wie vorher. Also hatte ich auf ein Glücksgefühl gewartet, das nur von kurzer Dauer war. War es das wert? Das Warten auf den Freitag, auf den Sommer? War ich die Einzige, die so tickte? Nein, manche warteten auf eine Gehaltserhöhung, die alle ihre Probleme lösen würde. Oder auf ein Kind, dass ihre Beziehung retten sollte – doch solche Erwartungen werden selten erfüllt. Weil wir immer noch im selben Körper, im selben Kopf stecken. Und wenn wir nicht regelmäßig unseren Bedürfnissen nachgehen und es nicht schaffen, wertzuschätzen, was wir schon haben, kann ein Lottogewinn kommen und wir wären trotzdem noch unglücklich.

Auch wenn du großes Glück hattest, musst du nicht glücklich sein. Du bist es erst, wenn du wertschätzt, dass du großes und kleines Glück in deinem Leben hast.

Das Greater Good Science Center der California-Berkeley University hat sechs Säulen des Glücks ausgemacht: Achtsamkeit, positives Denken, Sinn, Großzügigkeit, menschliche Verbindungen und Dankbarkeit.[36] Dankbarkeit – ein Wort, das immer häufiger benutzt wird und noch viel häufiger benutzt werden sollte. Denn Dankbarkeit ist mehr als ein Dankeschön, es ist eine Haltung. »Dankbarkeit ist das Gefühl des Staunens, des Dankbar-Seins und der Feier des Lebens«, sagte Robert Emmons, Psychologieprofessor von der University of California. Durch Dankbarkeit verschiebst du den Fokus auf das, was gut läuft, was du Gutes in deinem Leben hast.

Spüre doch einmal in dich hinein: Denk an etwas in deinem Leben, über das du dich freust. Ist es deine beste Freundin, deine schön eingerichtete Wohnung? Und nun frage dich: Kannst du dankbar und wütend zugleich sein? Eher nicht, Dankbarkeit löst nämlich Glücksgefühle aus. Kannst du das auch an dir beobachten, wenn du die Übung anwendest? Fühlst du dich glücklich? Vielleicht nicht glücklich, Glück ist ja auch eher ein flüchtiges Gefühl, aber womöglich zufrieden. Denn wenn du dankbar bist, schüttet dein Körper die Glückshormone Dopamin und Serotonin aus. Sie sorgen für Antrieb und Motivation. Deshalb wird bei Depressionen auch gerne dieser natürliche Stimmungsaufheller empfohlen, übrigens mit einer Erfolgsquote von 30 Prozent.[37] Studien bestätigten außerdem, dass dankbare Menschen weniger Stress haben, ist auch logisch, wer gut drauf ist, kann besser mit Stress umgehen. Dankbare Menschen schlafen auch besser, sind leistungsfähiger und gesünder. So hat sich der Zustand von Herzkranken verbessert, wenn sie Dankbarkeit praktizierten. Und Menschen mit chronischen Krankheiten wie Verspannungen, Kopf- und Bauchschmerzen konnten diese dadurch in den Griff bekommen.[38]

Aber um diese Effekte zu spüren, reicht es nicht, hin und wieder mal spontan für etwas dankbar zu sein. Dankbarkeit sollten und können wir trainieren. Das fällt gar nicht so leicht, wenn man gerade in einer schlimmen Phase steckt, einsam oder traurig ist. Da kann jemand noch so oft meinen: Das Leben ist ein Geschenk. Du sagst dann nur, dafür ist es aber scheiße verpackt. Das ist okay, alles hat seine Zeit. Du sollst dir ja nichts vorlügen, du sollst nur etwas bewusster werden. Vieles wird als völlig selbstverständlich gesehen und nicht als das Geschenk, das es ist. Musstest du nicht etwas länger darüber nachdenken, als du dir überlegen solltest, was dir Freude bereitet? Oder kommst du womöglich ins Stolpern, wenn du jetzt drei Dinge aufzählen sollst, für die du dankbar bist? Und was ist, wenn ich dich dazu auffordere, hundert Dinge zu nennen? Ja, da brauchst du vermutlich etwas Zeit, und je nach Tagesform wird es dir schwerer oder leichter fallen.

Mir sind mit der Zeit immer mehr Dinge aufgefallen, die

ich nicht mehr missen möchte. Ich bin an erster Stelle für meine Freunde und meine Familie dankbar und dafür, dass ich mich persönlich weiterentwickelt habe und immer noch tue. Auch für meinen Mut bin ich dankbar. Und dann gibt es natürlich noch ganz viele kleine Dinge, die ich schätze. Die frische Luft im Wald, wenn mein Hund mich begrüßt, wenn Sterne am Himmel zu sehen sind … Auch in deinem Leben gibt es mindestens hundert Dinge, die schön sind, selbst wenn du keine Million auf dem Konto hast oder in Größe 34 passt oder kein Haus mit Partner, Kinder und Hund und Katze besitzt. Vielleicht sind das alles Dinge, die du dir wünschst, die jedoch meist nur durch Vergleiche mit anderen entstanden sind. Wenn du unbedingt vergleichen willst, dann mit Menschen, denen es schlechter geht als dir.

Besonders in Deutschland ist es gut, sich ins Bewusstsein zu rufen, dass die Probleme, die wir haben, nicht die von Menschen sind, die woanders auf der Welt wenig zu essen haben oder kaum sauberes Trinkwasser. Das lässt unser Problem aber nicht weniger schlimm erscheinen – eine verpatzte Prüfung macht uns fertig, da denken wir nicht an die Hungersnot an Afrika. Doch das sollten wir manchmal tun, um zufrieden zu sein mit dem, was wir haben. Um nicht zu jammern. Erst als ich andere Länder bereiste, realisierte ich so richtig, wie gut es uns eigentlich geht. Ich habe Menschen gesehen, die mindestens neunzig Jahre alt waren und immer noch harte Arbeit auf dem Feld verrichteten. Kinder, die mit Plastikmüll spielten. Hier in Deutschland gibt es auch Armut und Missstände, doch den meisten von uns fehlt nicht viel. Wir führen kein Leben im Mangel, sondern in Fülle. Wir essen, wenn wir hungrig sind, und dann nicht nur das, was uns satt machen soll. Unsere Vorfahren mussten sich mit Kohl, Kartoffeln und Graupensuppe begnügen. Wir dagegen können zwischen Maultaschen, Pasta, Chicken Korma, gebratenem Reis und tausend anderen Gerichten wählen. Ich zum Beispiel liebe Pizza. Esse ich Pizza, dann immer dieselbe. Mit Schinken, Champignons, Oliven, Knoblauch. Das ist ziemlich lecker, und dafür kann man doch dankbar sein, oder? Außerdem leben wir in einer Demokratie, es gibt keinen Krieg, wir können uns auf ärztliche und soziale Hilfe verlassen und uns sogar Luxus leisten. Jede kleinste Reise ist ein Luxus.

Aber auch Menschen, denen es nicht sehr gut geht, können sich auf bestimmte Dinge besinnen und dankbar für diese sein. Ein Tanz in der Natur, eine Teezeremonie, ein Bad im Fluss, eine Frucht vom Baum – und dass sie noch all ihre Sinne haben. Schmecken, Hören, Sehen, Riechen, Fühlen. Wir können uns freuen, wenn uns jemand ein Kompliment macht oder anlächelt.

Es gibt eine Übung, die dir dabei hilft zu erkennen, wie viele Sachen während des Tages passieren, die für dich wertvoll sind. Dafür kannst du eine Handvoll Murmeln, getrocknete Erbsen oder Bohnen in deine rechte Hosen- oder Jackentasche stecken. Hast du gerade einen Avocado-Toast gegessen, den du so liebst, wandert eine Erbse von der rechten in die linke Tasche. Gab es mit deiner Kollegin gerade einen Lachflash, findet die nächste Erbsen-Wanderung statt – und so geht es weiter. Abends nimmst du dann die Erbsen aus der linken Tasche und konzentrierst dich auf das Gefühl, dass du bei jeder einzelnen gewanderten Erbse hattest.

Damit richtest du den Fokus auf etwas, was du machen kannst und was du hast. Und nicht auf etwas, was du nicht hast. Der italienische Dichter Giacomo Leopardi schrieb einmal: »Ich habe geweint, weil ich keine Schuhe hatte, bis ich einen traf, der keine Füße hatte.« Es kann uns alle immer noch so viel schlechter treffen. Um Dankbarkeit zu erfahren, können wir darüber nachdenken. Es gibt Menschen, die keine Füße haben und der Meinung sind, dass es noch schlimmer hätte kommen können.

Um zu erkennen, was du hast, kannst du dir überlegen, wie es wäre, wenn du es nicht mehr hättest. Das nennt sich mentale Substraktion, du gehst in deinem Kopf sozusagen Minusrechnungen durch. Ärgerst du dich beispielsweise über deinen Job, kannst du dich fragen, wie es wäre, wenn du ihn verlieren würdest. Und wenn dein Partner nervt, frage dich: Wie würde ich mich ohne ihn fühlen? Wenn du ihn durch dieses Gedankenspiel nicht mehr wertschätzt, dann musst du vielleicht etwas verändern. Jedenfalls öffnet es dir die Augen.

Auch ein Dankbarkeitstagebuch kann helfen. In Studien wurden gerade Mut machende Ergebnisse mit ebendiesem Tagebuch erzielt. Und das musst du auch gar nicht täglich führen, wie viele raten. Wöchentlich reicht vollkommen und ist sogar effektiver.[39] Du kannst dir dann die Frage stellen, wofür du in dieser Woche oder insgesamt in deinem Leben dankbar bist. Rattere die Punkte nicht nur ab, geh in das Gefühl hinein, spüre es. An manchen Tagen kannst du gleich morgens versuchen, Dankbarkeit zu empfinden, bleib dafür noch einige Minuten in deinem gemütlichen Bett liegen. Frage dich, worauf du dich heute freuen kannst und was du tun kannst, damit es ein guter Tag wird. So startest du schon motiviert in den Tag.

Du wirst bei den Übungen wahrscheinlich merken, dass du oft anderen Menschen viel zu verdanken hast. Den Eltern, die dich über viele Jahre seelisch und finanziell unterstützt haben. Dem Freund, der einen Therapeuten ersetzt hat. Dem Menschen, der dein Potenzial entdeckt und dich gefördert hat. Behalte diese Dankbarkeit nicht für dich. Ich sage meinen Freunden öfter mal Danke für alles. Manche schreiben gerne Dankbarkeitsbriefe und ich kann mir vorstellen, dass das sehr schön ist und die Beziehung zu der Person, die diesen erhält, noch einmal intensiviert. Aber ich bin eher ein Mensch der Gesten. Wenn mir jemand erzählt, dass er Vollnussschokolade mag, bringe ich ihm oder ihr beim nächsten Wiedersehen eine Tafel Nussschokolade mit. Ich bin da, wenn mich jemand braucht, den ich sehr gerne habe. Egal ob er nur sprechen will oder anderweitig Hilfe braucht. Und meine Freunde sind es auch für mich, das will ich jeden Tag aufs Neue wertschätzen.

Wer sich selbst liebt,
liebt auch andere

Es gibt viele Methoden, die uns dabei helfen, sich selbst mehr zu lieben. Die Gedankenschleifen auflösen, Achtsamkeit umsetzen, die einem positives Denken oder die erwähnte Dankbarkeit lehren. Das Interessante an der Dankbarkeit ist, dass wir damit etwas Gutes tun, uns, aber auch anderen. An der University of Oregon konnten Psychologen 2017 nachweisen, dass die Gruppe, die regelmäßig ein Dankbarkeitstagebuch führte, eher bereit war, Geld für Wohltätigkeitsorganisationen zu spenden. Aber nicht nur das – es gibt Hirnregionen, die anzeigen, wenn man etwas Bestimmtes tut. Zum Beispiel lieben, lernen und so weiter. Und das Maß, wie uneigennützig man sich verhält, kann in Teilen des präfrontalen Cortex und des Precuneus ausgemacht werden. Diese Bereiche des Gehirns leuchteten mehr auf als bei der Kontrollgruppe, dementsprechend folgerten die Autoren der Studie, dass Menschen, die dankbarer sind, uneigennütziger handeln.[40]

Jetzt ist aber Uneigennützigkeit oder auch Selbstlosigkeit doch das komplette Gegenteil von Selbstliebe, oder? Nein, und weil ich Pizza so liebe, ein Beispiel: Wenn du dir mit sieben Freunden eine Pizza teilst und es gibt nur acht Stück – ja, da hast du wohl zu wenig bestellt, von einem Stück Pizza wird ja keiner satt. Also, was machst du? Bedeutet Selbstliebe zwei Stück zu essen, weil man ja auf seine Bedürfnisse achten soll? Bedeutet Selbstlosigkeit hingegen, auf dein Stück zu verzichten, weil du ja zu wenig bestellt hast? Nein, du orientierst dich zwischen den beiden Polen und nimmst ein Stück, wie jeder andere auch, weil alles geteilt wurde. Das heißt, manchmal bewegt man sich zwischen den beiden Polen, um die goldene Mitte zu finden, und das ist genau richtig. So sind alle zufriedener, sogar du selbst. Denn andere glücklich zu sehen, macht auch uns selbst glücklich. Der Wissenschaftsautor Stefan Klein spricht sogar von einer Flut an Forschungsergebnissen, die die wohltuende Wirkung der Solidarität bestätigten.[41] Ich habe das selbst gemerkt, als ich Freunden geholfen habe oder auch im Tierheim. Da fühlt sich die eigene Existenz auf einmal noch sinnvoller an als sonst.

Jeder von uns sollte also ein Auge darauf haben, wie er hin und wieder über den Tellerrand schauen kann und wie er sich engagieren möchte. Am besten setzt du dich für etwas ein, das dir viel bedeutet. Wenn du noch nicht richtig weißt, was das sein könnte, beobachte dich. Welche Nachrichten fesseln dich? Was bewegt und interessiert dich? Fühlst du besonders mit den Schicksalen vieler Geflüchteter? Hast du möglicherweise selbst etwas erlebt und möchtest das anderen ersparen? Möchtest du lieber Kinder unterstützen oder alte Menschen, möchtest du Stammzellenspender werden? Es gibt viele Möglichkeiten, wo du dich stark machen kannst – und das sagt es schon: Du kannst dich stark machen. Selbst wenn du klein anfängst und nur etwas aussortierst und spendest oder ab und zu Nahrungsmittel in Spendenboxen legst, ist etwas getan.

Ich wusste schon immer, dass mir das Wohl von Tieren sehr am Herzen liegt. Seit meiner Kindheit war ich ganz verrückt nach ihnen. Meine Mutter hatte aber eine Allergie, weshalb ich weder einen Hund noch eine Katze bekam. Kurzerhand beschloss ich, mir heimlich eine Katze zu holen. Bei uns zu Hause über der Garage war eine kleine Empore, auf der ich gerne gechillt habe. Dort habe ich die Katze gehalten, gefüttert, gestreichelt. Als meine Mutter das herausfand, musste ich sie meinem Vater geben. Ich liebte alle Tiere, Pferde, Wellensittiche, Hasen, Hunde. Da ist es eine leichte Entscheidung, sich für Tiere einzusetzen. Als Nächstes möchte ich zur Turtle Station nach Thailand. Das ist eine großartige Aktion, denn Schildkröten sind vom Aussterben bedroht, diese Vorreiter der Achtsamkeit und Entschleunigung; ich mag sie sehr gerne. Jedenfalls kümmert man sich in der Rettungsstation um kranke und verletzte Tiere, sammelt die verloren gegangenen Eier auf, lässt die Schildkrötenbabys schlüpfen und päppelt sie auf, bis sie ins Meer gebracht werden können.

Geben ist wichtig – wie auch nehmen. Helfen und sich helfen lassen. Wir sind davon abhängig, dass uns manchmal geholfen wird. Wir müssen nämlich gar nicht alles alleine schaffen. Das zu verstehen ist wichtig, wenn man lernen möchte, sich selbst zu lieben. In der Bibel sagt Jesus: »Du sollst deinen Nächsten lieben wie dich selbst.« Das wird gerne als Beispiel genommen, weshalb wir selbstlos handeln sollten. Aber es heißt, lieben *wie* dich selbst, also nicht mehr oder weniger als dich selbst. Wir können nicht immer unseren eigenen Nutzen ausklammern, denn wie können wir etwas geben, wenn wir nichts besitzen? Vernachlässigen wir uns permanent, werden wir unzufrieden, neidisch, missmutig und schaden uns und anderen. Aber wir können auch nicht nur auf unseren Nutzen schauen, das wird uns oder spätestens der Generation nach uns zum Verhängnis.

Wir wollen ein richtig schickes Auto fahren, aber vielleicht können wir es auch öfter stehen lassen. Wir wollen Fleisch essen, könnten aber unseren Verbrauch davon bewusst steuern. Wir wollen gehört werden, aber wir können auch mal zuhören. Auch hier geht es um die goldene Mitte. Jeder gibt einen Teil, niemand muss alles richtig und auf einmal machen. Niemand muss zur Veganerin oder zum Selbstversorger werden, denn Radikalismus führt nur dazu, dass auf der anderen Seite Hass entsteht. In diesem Zusammenhang hilft vielleicht das Karma weiter, ein Konzept, das beinhaltet, dass all unsere Handlungen Konsequenzen haben. Das Wort »Karma« habe ich mir übrigens ebenfalls auf meinen Körper tätowieren lassen, wie die Rose und die Schlange, es ist für mich eine Erinnerung, sich dem Guten zuzuwenden. Denn ich glaube daran, dass alles eine Ursache und eine Wirkung hat. Wie man in den Wald hineinruft, so schallt es hinaus. Und vielleicht gibt es ja eine ausgleichende Gerechtigkeit. Ich denke, wer sich selbst liebt und andere liebt, leistet seinen Beitrag zur Gesellschaft.

Wenn wir aufhören, mit uns selbst zu kämpfen, wollen wir auch gar nicht mehr mit anderen kämpfen.

Selbstliebe ist die Voraussetzung für eine gesunde Beziehung zum Umfeld, egal ob zur Familie, zu Freunden, zu Kollegen oder Fremden. Dann ist es unnötig, mit anderen in so etwas wie einen Kampf zu treten. Psychologen wie Erich Fromm oder Luise Reddemann haben das erkannt.[42] Und genauso gilt: Ohne eine Verbindung zu sich selbst, leiden auch andere Verbindungen. Ohne eine emotionale Stabilität wird alles als Angriff gewertet, die betreffende Person beginnt zu streiten, macht Vorwürfe, fühlt sich zurückgewiesen, sucht nach Bestätigung, fühlt sich schuldig oder schiebt anderen die Schuld zu. Dass das keine gute Basis für Beziehungen ist, leuchtet ein. Warum ist das aber so? Einige Beziehungsprobleme entstehen aus Unzufriedenheit, aus überzogenen Erwartungen und Verletzungen, die noch nicht verarbeitet sind.

Wenn wir unglücklich sind, hoffen wir darauf, dass der Partner uns glücklich machen kann. Wenn wir uns wertlos fühlen, soll der Partner uns wertvoll fühlen lassen. Aber wenn wir das nicht selbst schaffen, wie soll das der andere können? Wir sabotieren ihn ja geradezu – reagieren gereizt, weil wir anscheinend nichts auf die Reihe bekommen, und das kriegt auch der andere zu spüren. Weil wir erwarten, dass er die gute Fee ist, die uns unsere Wünsche erfüllt. Er hat eigene Pläne und Vorstellungen, und manchmal korrelieren die mit den eigenen, aber nicht immer. Manchmal fängt es schon beim Urlaub an: Berge oder Meer? Manchmal sind sie Wünsche noch schwieriger zusammenzubringen: Kinder oder keine Kinder? Wir dürfen unsere Bedürfnisse nicht auf unseren Partner übertragen, er ist keine Projektionsfläche. Ja, sicher, ich bin keine Beziehungsexpertin, darum habe ich auch recherchiert und bin auf das Buch *Liebe dich selbst und es ist egal, wen du heiratest* von Eva-Maria und Wolfram Zurhorst gestoßen.[43] Sagen wir, es ist fast egal, denn mit einem toxischen Partner geht das nicht. Vieles davon hatte ich geahnt, deshalb reagierte ich auch allergisch, als mir mein Übernachtungs-Date bei *Die Bachelorette* sagte, er suche die Erfüllung, die Vervollständigung im anderen. Das halten manche vielleicht für romantisch, aber in Wirklichkeit sind Partner keine siamesischen Zwillinge, und sogar die haben ihren eigenen Kopf.

In einer Beziehung muss man sich und dem anderen gegenüber ständig achtsam sein, denn sonst verliert man sich oder es gibt eines Tages ein böses Erwachen. Man kann es an älteren Menschen beobachten, wenn ein Ehepartner stirbt, ist der andere mit Bankgeschäften oder dem Kochen einer anständigen Mahlzeit völlig überfordert. Wir müssen selbstständig bleiben und wollen es ja auch. Niemand sollte sein Leben nur nach den Wünschen des anderen ausrichten und er sollte es auch nicht verlangen.

Wir stellen Anforderungen an den Partner, denen er nicht gerecht werden kann. Unsere Erwartungen sollten realistischer werden. Er muss nicht erfolgreich, schön, attraktiv, intelligent, humorvoll, hilfsbereit und so viel mehr sein. Wir sind all das auch nicht in einer Person. Natürlich hat man einen gewissen Anspruch, aber wenn jemand nicht so der Abenteurer ist, aber an sich ein toller Mensch, warum dann nicht miteinander reden und einen Weg finden? Und wenn wir einen erfolgreichen Mann oder eine erfolgreiche Frau an unserer Seite haben, merken wir, dass alles seine Schattenseiten hat, etwa lange Arbeitszeiten und Geschäftsreisen. Sind wir nicht gefestigt, werten wir das als Desinteresse (»Nie hat er Zeit für die Familie«). Wir müssen also unsere eigenen Schwächen annehmen und auch die des Partners oder die anderer Menschen, um unsere Mitte zu finden. Wenn wir uns in unseren Chef hineinversetzen, erkennen wir, dass er ziemlich unter Druck steht und deshalb unfreundlich war, und nicht, weil wir etwas falsch gemacht haben. Das Problem liegt oft beim anderen und oft bei uns. Und wenn wir Kritik beispielsweise nicht als Angriff werten, weil wir ja wissen, dass wir trotzdem gute Arbeit leisten, können wir uns verbessern.

Manchmal sind die vermeintlichen Schwächen des anderen gar keine, sie triggern uns aber. Folgende Situation: Der Partner feiert seine Erfolge mit anderen Eingeladenen und holt dabei groß aus. Man könnte das als Prahlen auslegen. Aber bei Freunden würde man das weglächeln: »Typisch.« Freunde kommen zu spät, sind unordentlich, trinken zu viel, aber bei dem Menschen, mit dem man sich eine Zukunft vorstellen kann, gehen die Gedanken zu weit in die Zukunft. Alles wird auf sich selbst bezogen. Oje, wenn er jetzt schon die Socken liegen lässt, wie können wir dann einen Haushalt mit Kindern organisieren? Oje, er wirkt so arrogant, wie kommt das nur an? Was für ein Licht wirft das auf mich? Dabei ist es nur so unangenehm, weil man selbst gelernt hat, bescheiden zu sein. Bei mir läuft das ähnlich ab. Ein Streit kann aus einer solchen Situation entstehen, man kann dem Partner vorwerfen, peinlich gewesen zu sein. Anstatt zu erklären, dass auch die anderen sein Verhalten vielleicht als eine Spur zu viel empfunden haben. Oder man könnte sich einfach nur mit dem Partner freuen, dass er etwas erreicht hat und ihn das so stolz macht. Da arbeiten Gefühle aus längst vergangen Tagen in einem – Glaubenssätze, die wir nur zu entschlüsseln brauchen.

Ich habe mich an manchen Stellen selbst ertappt, als ich mich mit diesen Überlegungen beschäftigte. Davon möchte ich erzählen. Im Grunde habe ich zwei Familien. Die Familie, in die ich hineingeboren wurde, und die, die ich mir ausgesucht habe. Mit der ersten feiere ich Heiligabend und den ersten Weihnachtsfeiertag, mit der zweiten Familie, meinem Freundeskreis, den zweiten Weihnachtsfeiertag. Meine Freunde und ich, wir sind ungefähr zehn Leute, und die meisten von uns kennen sich schon seit über einem Jahrzehnt. Eine Freundin besitzt eine Firma, weshalb sie uns einen Raum zur Verfügung stellen kann, den wir für den zweiten Weihnachtstag mit einem Baum schmücken. Wir trinken jede Menge Glühwein und jeder kocht etwas aus dem Land, aus dem er kommt. Deutschland, die Philippinen, Thailand, Serbien. Wir sind wirklich eine Familie und bezeichnen uns auch so. Wir haben sie gegründet, denn irgendwann ist uns, dem harten Kern, aufgefallen, dass bei jedem von uns der leibliche Vater fehlt. Das verbindet uns, schweißt uns zusammen. Wir können alles miteinander machen, über alles reden, und das gibt mir viel Kraft.

Als der harte Kern sich aber erweiterte, tauchten die Geister in meinem Kopf auf, Dämonen. Ich beobachtete, wie so langsam jeder einen Partner fand, wie so langsam jeder seinen eigenen Weg ging. Meldete sich einer mal länger nicht oder machte mehr mit seinem Partner, hörte ich dieses Flüstern in meinem Kopf: »Das geht jetzt alles kaputt. Und dann bist du allein.« In der Folge überreagierte ich, stellte alles infrage und wurde fordernd. Ich sagte: »Was ist mit euch los?« Ich sprach schneller, als ich denken konnte. Denn eigentlich wusste ich, dass das nicht die Realität war. Das waren alte Glaubenssätze, die mich so handeln ließen, Glaubenssätze wie, dass ich dann alleine wäre, nicht liebenswert, nicht gut genug, das schwarze Schaf. Ich musste darauf reagieren, musste etwas tun, was mir guttat, und so konnte ich auch anschließend besser mit der Situation umgehen. Ich setzte dem entgegen, dass meine Freunde und mich nichts auseinanderbringen würde. Und ihre Partner wären keine Feinde, sondern Freunde, Teil der Familie. Nichts, wovor ich mich zu fürchten bräuchte. Es existierte auch kein Grund dafür. Ich konnte beobachten, wie geduldig und liebevoll alle waren, auch zeigten sie mir ihre Zuneigung. Eda gab mir einen Kuss auf die Wange und sagte: »Ich wollte dir jetzt einfach mal einen Kuss geben, damit du weißt, dass du mir wichtig bist.« Ich rief dann zwar »Iiehh« und lachte, aber revanchierte mich. Mit Aufmerksamkeit und Unterstützung. Wenn ich mich mal wieder in Hirngespinsten verliere und etwas überinterpretiere, eine SMS oder eine Situation, die mich unsicher werden lässt, akzeptiere ich sie und mache einen Screenshot oder erzähle Eda davon.

»Reden wieder die Geister so mit mir? Bilde ich mir das ein?«, frage ich dann, und meistens sagt sie: »Ja, tust du.« Und so habe ich immer mehr Vertrauen in alles und werde nachsichtiger und ruhiger.

Ich bin eine gute Freundin. Und eine noch bessere, seitdem ich mir selbst eine gute Freundin bin.

Sich selbst eine gute Freundin zu sein, ist ein wertvoller Ratschlag in vielen Situationen. Denn zu Freunden ist man schon mal gnädiger als zu sich selbst. Wenn eine Freundin den Job schon wieder nicht bekommen hat, was würden wir sagen?

»War ja klar. Du bist zu dumm. Du hast versagt, dabei kann ein Bewerbungsgespräch doch nicht so schwierig sein! Du wirst niemals einen Job bekommen.«

Nein, das würden wir nicht sagen. Aber zu uns selbst sagen wir die härtesten Dinge. Wir gehen mit uns selbst hart ins Gericht. Wenn du das auch tust und verzweifelt bist, hilft es, dich zu fragen: Was würde ich meiner Freundin raten? Oder jemandem, den du wirklich magst. Du würdest die Person in den Arm nehmen, sie trösten und ihr einen neuen Weg aufzeigen. Also führe nächstes Mal lieber nette Selbstgespräche mit dir – und die Dinge sind weniger beängstigend, als sie scheinen.

Ich bin mir eine gute Freundin, aber ohne eine Freundin wie Eda könnte ich nicht leben. Es gibt Menschen, die weniger gerne mit anderen zusammen sind, doch soziale Beziehungen sind unerlässlich, wenn man glücklich sein möchte. Und auch, wenn man sich weiterentwickeln will. Man sagt, man sei der Durchschnitt der fünf Menschen, mit denen wir am meisten Kontakt haben.

Es kann sein, dass du Folgendes selbst erlebt hast: Deine Freundin hat ein Lieblingswort, zum Beispiel »mega«, und irgendwann hat es sich in deine Sprache eingeschlichen. Dein Freund liebt Kochen, du probierst mal eines seiner Rezepte aus, und dein Kollege ist begeisterter Marathonläufer und steckt dich mit seiner Begeisterung an. Wir übernehmen vieles von unseren Mitmenschen und diese wiederum von uns. Das können Eigenschaften, Interessen, Werte und Verhaltensweisen sein und irgendwann sogar Lebensweisen und Umstände.

Halten wir uns in der New Yorker Upperclass auf, können wir anfangen, Vernissagen und Champagner zu mögen, aber auch lernen, Geld zu investieren und vermehren – weil der Austausch über diese Dinge da ist. Kennen wir jemanden, der sich selbstständig gemacht hat, werden wir uns eher trauen, selbstständig zu werden. Wir lernen von Menschen, die den Weg schon gegangen sind, die bereits Fehler gemacht haben, die wir vermeiden können. Verkehren wir hingegen am meisten mit Mönchen, werden wir ruhiger. Wenn du eine Freundin mit unerschütterlicher Lebensfreude hast, siehst du die Welt hin und wieder aus ihren Augen. Dabei ist es unerheblich, ob du sie persönlich siehst. Es geht nur darum, wie viel Zeit du mit ihr verbringst. Deshalb kann einer der fünf Menschen auch dein Lieblingsschriftsteller oder ein Speaker auf YouTube sein. Ich zum Beispiel höre gerne Podcasts von der Speakerin Laura Malina Seiler und da ändert sich das Mindset natürlich.

Leider geschieht dies auch andersherum. Wäre die

Freundin eine Nörglerin, würde das ebenfalls auf uns ab-
färben. Darum haben unsere Eltern uns vor schlechter
Gesellschaft gewarnt, da der Freundeskreis den Konsum
von Drogen und Kriminalität beeinflussen kann. Umso
glücklicher bin ich über und auch mit meinem Freundeskreis, der mich in meiner Entwicklung unterstützt.

Meine Freunde sind es, die mich ausmachen. Ob ich nun
in der Öffentlichkeit stehe oder nicht. Deshalb achte ich
darauf, unsere Beziehungen zu pflegen, wobei das nicht
immer mit etwas Großartigem verbunden sein muss. Eda
und ich brauchen nicht viel, außer uns. Wir treffen uns oft
im Auto und wenn das Wetter es zulässt, parken wir an
einem Abhang und schauen auf Stuttgart hinunter. Auf
das Mercedes-Zeichen, die Hochhäuser, ein paar Bäume.
Kurz vor der *Bachelorette* hatte ich mir diesen lang gehegt-
ten Wunsch erfüllt und bin nach Stuttgart gezogen. Ich
bringe etwas zu trinken mit, Eda hat Klappstühle dabei,
und dann setzen wir uns darauf wie ein altes Ehepaar am
Gardasee und reden über Gott und die Welt. Und weil ich
ihrer Meinung vertraue, wollte ich die auch unbedingt
wissen, bevor ich mich im Finale von *Die Bachelorette*
entscheiden musste.

Normalerweise ist es die Familie, die die Auserwählten zu
sich nach Hause einlädt und sie auf Herz und Nieren
prüft. Aber meine Familie mochte nicht in der Öffentlichkeit sein, was ich akzeptierte. Das hatte es zwar noch nie
gegeben, dass eine Bachelorette die Männer ihren Freundinnen vorstellte, aber irgendwann ist immer das erste
Mal. Am liebsten hätte ich all meine Freunde genommen,
aber ich musste mich auf zwei beschränken. Laura, die mit
mir in Asien war, konnte gerade nicht, aber Isa war bereit,

mich zu unterstützen. Und natürlich Eda. Sie ist schüchtern, trotz ihrer starken Persönlichkeit und ihres markanten Auftretens, hat Piercings und kurze schwarze Haare. Aber sie wollte mich trotzdem begleiten.

So kam ich von Griechenland also wieder zurück nach Deutschland – und fand mich in einem exotischen Ambiente wieder. In einem Wintergarten mit außergewöhnlichen Lampen und asiatischem Essen. Nach Wochen sah ich meine Freundinnen zum ersten Mal und wir konnten uns nur anstrahlen. Als Erstes lernten sie Daniel kennen und wir prusteten wie Teenager, als wir sagten, dass wir uns geküsst hätten. Aber Isa und Eda berieten mich erwachsen und unvoreingenommen. Eda meinte: »Ich achte immer auf die Mimik und spüre eigentlich immer relativ schnell, wie du dich fühlst.« Ja, das konnte helfen, denn ich war mir unsicher. Ich wusste zwar nach den Dream-Dates, zu wem ich tendierte, doch es gab einiges, das mich verwirrte. Eda spürte tatsächlich, dass da etwas war, als sie Leander kennenlernte.

»Melissa, irgendwas stimmt nicht. Erzähl's mir«, sagte sie.

»Leander ist ein Freund von meinem Ex«, gestand ich. Außerdem fehlten mir ein bisschen die hundert Prozent, Leander war ein anderer Typ als Daniel, distanzierter, aber ich nahm wahr, dass er authentisch war und sich in seinem Tempo öffnen würde. Und das tat er wirklich. Nachdem ihn meine Freundinnen kennengelernt hatten, gingen wir zu mir nach Hause. Wir lagen auf meinem grünen Samtsofa, ich mit dem Kopf auf seinem Schoß.

»Manche Sachen muss man im richtigen Moment sagen, finde ich«, erklärte Leander. »Ich fand das Dream-Date mit dir wirklich schön. Ich habe mich sehr, sehr wohlgefühlt. Das lag auch daran, dass ich wirklich Gefühle für dich hatte.« Nach einer kleinen Pause gestand er: »Ich bin im Moment schon ein bisschen verliebt.«

Dass er sich aber so öffnen würde, hatte ich nicht geglaubt. Ich war überwältigt, musste aus Reflex lachen. Aber später fiel mir ein, dass es da noch Daniel gab. Im Fernsehen hätte man meinen können, dass Isa und Eda sich für Daniel entscheiden würden. Aber die beiden meinten, sie würden gar nichts entscheiden, das müsste ich schon allein tun. Sie würden wirklich beide Männer mögen, sie hätten nur meine Sorgen bemerkt. Und die waren tatsächlich noch im Raum. Wie würde das aber aussehen? Würde man mich nicht dafür hassen? Der Freund meines Ex-Partners? Aber Leander sagte, sie seien nicht so eng. Und warum müsste ich eigentlich immer wieder darüber nachdenken, was die anderen von mir hielten? Ich müsste doch mit dem Menschen klarkommen. Und er tat mir gut, so wie Daniel. Ich traf Daniel bei der letzten Rosenvergabe.

Bevor es aber zur letzten Rosenübergabe kam, bereitete mich die Produktion darauf vor, dass ich einen Brief von meiner Mutter erhalten würde. Von meiner Mutter? Ich öffnete ihn, als er mir überreicht wurde, und ein Foto von ihr mit meinem Hund fiel mir entgegen. Dann las ich ihre Zeilen. Ich möchte sie mit euch in voller Länge teilen, da meine Mutter wirklich weise Worte gefunden hatte, die für jeden richtungsweisend sein könnten:

Liebe Melissa, du weißt, dass ich keine Person bin, die sich in der Öffentlichkeit wohlfühlt, deshalb habe ich mich für diesen Brief und gegen eine Videobotschaft entschieden. Ich weiß, dass du das verstehst und meine Entscheidung respektierst. Mir ist es wichtig, dir zu sa-

gen, dass ich sehr stolz auf dich bin und immer hinter dir stehen werde. Stolz bin ich, weil ich sehen kann, wie du aus eigener Kraft und Willensstärke deine Ziele verfolgst und erreichst. Du hast den Mut, Wege zu gehen, die manch anderer nicht gehen würde. Bestimmt zweifelst du auch manchmal, ob es die richtige Richtung ist, aber wer kann schon von sich behaupten, dass die eingeschlagenen Wege immer die richtigen waren oder sind. Menschen urteilen und verurteilen ihr Leben lang. Umso wichtiger ist es, kritikfähig zu sein, aber auch, Wichtiges von Unwichtigem zu trennen. Das Leben besteht aus Lernen, von Anfang bis Ende. Ich wünsche mir für dich, dass du die Menschen nicht durch ihr Äußeres, ihr Auftreten oder den ersten Eindruck beurteilst. Schau ein zweites Mal hin. Hässlich sind nicht die, die nicht durch äußere Schönheit überzeugen können, hässlich sind die, die ihr Gegenüber nicht respektieren. Hässlich sind die, die keinen Respekt gegenüber den Menschen, den Tieren und der Welt haben, in der sie leben. Versuche also nicht, ein erfolgreicher, sondern ein wertvoller Mensch zu werden.

Ich hoffe, dass es für dich eine unvergessliche und schöne Zeit als Rosenverteilerin ist, an die du als Oma mal gerne zurückdenkst. Wir wünschen uns, dass du gesund wieder nach Hause kommst, glücklich und zufrieden. Mach's gut und bis bald – und lass dein Herz entscheiden.

Deine Mama

Auch mein Stiefvater hatte einen kleinen Gruß hinterlassen: »Wir freuen uns, Schönheit vergeht, Hektar besteht.« Ich musste mich erst einmal sammeln, ein paar Tränen aus den Augenwinkeln streichen, das war das, was ich gebraucht hatte. Die Liebe meiner Mutter und ein Ratschlag, der mir bisher immer zu guten Entscheidungen verholfen hatte, ich musste mich nur darauf besinnen. *Lass dein Herz entscheiden.* Und jetzt war ich mir absolut sicher, wer der Mann meines Herzens war. Am Anfang hatte ich mir nicht vorstellen können, wie weit sich das alles im Laufe der Sendung entwickeln würde. Aber nun war ich mir sicher, den einen unter den Männern gefunden zu haben, weil ich auf mein Herz hörte. Ich hatte den Kopf ausgeschaltet und eine ganz besondere Person gefunden.

Ein langer roter Teppich lag aus, auf dem Rosenblätter verstreut waren. Überall flackerten Flammen aus Feuerschalen und Kerzen. Ich lief durch die Gänge eines Klosters. *Du hast den Mut, Wege zu gehen, die manch anderer nicht gehen würde.* Ich erinnerte mich der Worte meiner Mutter und realisierte, dass ich jetzt wirklich Mut aufbringen musste. Ich musste einen Mann verletzten und dieser Mann hatte es nicht verdient. Aber was sollte ich machen, wenn das Gefühl für den anderen stärker war. Schon in der Limousine, bei der Fahrt ins Kloster, hatte ich mich auf diesen Moment vorbereitet, hatte versucht, ruhig zu bleiben, hörte ruhigere Musik, »Paralyzed« – und so wie der Song hieß, so fühlte ich mich auch, wie paralysiert.

Als Daniel dann vor mir stand, brachte er mich wie immer zum Strahlen, doch ich hätte nicht lächeln sollen. In einem Interview hatte er zugegeben, dass es ein totaler Schlag für ihn wäre, wenn er die Rose nicht bekäme. Ich wäre seine erste Freundin und es fühlte sich auch schon so an, als wäre ich seine Freundin. Ich sagte ihm, dass er einer der positivsten und besten Menschen sei, die ich in der letzten

Zeit kennenlernen durfte. Dann musste ich schlucken und trotzdem konnte ich die Tränen nicht zurückhalten.

»Ich habe Gefühle für dich entwickelt«, sagte ich.

»Aber die Gefühle reichen nicht aus.«

Er reagierte fast übermenschlich, aber anderes hatte ich von Daniel nicht erwartet: »Alles gut! Du kannst nichts dafür, du musst die Entscheidung treffen, damit du glücklich bist. Wenn du glücklich bist, bin ich es auch.« Und im Auto, auf der Rückfahrt, beteuerte er: »Es ist nicht gegen mich. Es ist für ihn.«

Und so war es auch. Als ich Leander sah, wich der Schmerz einem schönen Gefühl. Ich erinnerte mich an all das, was wir miteinander erlebt hatten. Wie er Bananenbrot für mich backte und ich ihm beichtete, dass ich manchmal peinlich sei. Woraufhin er sagte, er doch auch und auf das Bananenbrot wies, das aber ziemlich gut geworden war. Ich erinnerte mich an den Spaziergang am Hafen und an den Bootsausflug, wo er sich fast hatte übergeben müssen und trotzdem tapfer durchhielt. Sogar den besten Spruch für unsere Flaschenpost fand er:

»Was für dich bestimmt ist, findet den Weg zu dir.«

Als wir die Flaschenpost ins Meer warfen, hatte sich das angefühlt wie loslassen. Als hätten wir alles weggeworfen, was uns im Weg stand. Damit wir den Weg zueinanderfinden konnten. War das ein Zufall? Leander sagte bei einem Abendessen: »Dass wir uns überhaupt hier kennengelernt haben. Ich glaube nicht an Zufälle. Weißt du, was ich meine? Das ist dann eher so: Schicksal.« Er glaubte also auch an das Schicksal und beim Übernachtungsdate sprachen wir noch einmal darüber, über alles, und ich wusste, dass ich die Anziehung nicht verleugnen durfte. Auch bei unserer Kajaktour hatte ich gemerkt, dass wir ein gutes Team waren. Dass er mir guttun würde, anders als die Beziehungen vor ihm. Er nahm mich in den Arm und ohne die Kameras hatte er noch so viel schöner, charmanter, nahbarer gewirkt – ich hätte da einfach tagelang mit ihm sprechen und ihm in die Augen schauen können. Ich hatte die Ruhe und die Nähe zugelassen. Ich hatte genug Aufregung und Schmerz gehabt. Jetzt, im Finale, wollte ich ihn nur noch küssen. Ich sagte: »Leander, ich habe mich in dich und in deine Art verliebt und möchte dich fragen: Möchtest du die letzte Rose annehmen?«

Leander schaute geschockt, wollte er die Rose ablehnen? Nein, er sagte nur, er hätte es gar nicht mehr erwartet, weil ich einen Satz geäußert hatte, der ihn verwirrt hätte. Doch dann erklärte er: »Ja, möchte ich.« Und als wir uns umarmten und küssten, konnte ich nicht glauben, wie glücklich sich alles gefügt hatte.

Influence yourself:
Mutkiller und Energiesauger

Nach all dieser Zeit, den Hindernissen, den Entscheidungen, meiner Reise nach Asien, meiner Teilnahme bei *Die Bachelorette* kann ich sagen: Ich bin glücklich. Natürlich, im Moment fällt mir das auch nicht besonders schwer. Ich habe die Liebe gefunden, die mir lange nicht vergönnt war. Einen Menschen, den ich für all das schätze, was er ist und tut. Ich habe eine Arbeit, eine tolle Familie und Freunde. Ich fühle mich so wohl wie noch nie in meinem Körper und mit mir selbst. Aber ich kann nicht darauf hoffen, dass dieses Glück einfach so bleibt, ich muss etwas dafür tun. Und ehrlich: Ich habe auch schlechte Tage, an denen ich wütend, traurig, müde bin. Das ist normal und geht nicht nur mir so.

Egal wie dankbar wir sein können, so gibt es doch Probleme, die uns überfordern und verunsichern: Pandemie, Klimawandel, Rassismus, Kapitalismus. Immer wieder müssen wir unseren Platz in dieser Welt finden. Und dann gibt es auch noch die ganz persönlichen Dinge, bei denen wir ins Straucheln kommen. Einige davon haben wir gemeinsam und einige sind sehr subjektiv. Bei mir sind es die Öffentlichkeit, der Erwartungsdruck, die alten Muster, die Geister, denen ich in regelmäßigen Abständen mutig entgegentreten muss. Wie? Mit Selbstliebe natürlich. In diesem Zusammenhang möchte ich einen weiteren Ausschnitt aus dem Gedicht zitieren, das angeblich Charlie Chaplin zu seinem siebzigsten Geburtstag vorlas:

Als ich mich selbst zu lieben begann,
habe ich mich von allem befreit,
was nicht gesund für mich war,
von Speisen, Menschen, Dingen, Situationen
und von allem, das mich immer wieder hinunterzog,
weg von mir selbst.
Anfangs nannte ich das »gesunden Egoismus«,
aber heute weiß ich, das ist SELBSTLIEBE.[44]

Diese Verse zeigen, was wir tun können, um uns selbst zu lieben. Wir müssen die Mutkiller und Energiesauger in unserem Leben identifizieren und sie dann in Mutmacher und Energiequellen verwandeln. Viele davon sind schon auf den vergangenen Seiten erwähnt worden, aber an dieser Stelle macht es Sinn, sie zu sammeln. Je mehr wir uns damit beschäftigen, umso mehr verinnerlichen wir sie und können im Alltag erkennen: »Aha, ich brauche nicht gestresst oder traurig zu sein, das ist nur der Mutkiller oder der Energiesauger, gegen den ich etwas tun kann.«

Mutkiller Nummer eins ist der *Perfektionismus.* Er lässt uns zweifeln, kritisiert uns, lässt uns Chancen nicht wahrnehmen, macht uns unkreativ, langsam und kraftlos. Also: Bewirb dich, wo du willst, auch wenn du nicht alle Qualifikationen aufweist. Du wirst belohnt werden. Sprich den Mann im Bus oder die Frau im Büro an, selbst wenn du denkst, du würdest in einer anderen Liga spielen. Rede in einer anderen Sprache, vergiss die möglichen Fehler, du wirst tolle Erfahrungen machen. Lass dich nicht aufhalten, du bist gut genug. Und das ist auch der Ratschlag, wenn du mal wieder eine Entscheidung, eine Abgabe oder sonst irgendetwas hinausschieben willst, weil deiner Meinung nach der Feinschliff fehlt. Dieser kostet mehr Zeit, als dass er dir oder dem Projekt etwas bringt. Sag dir, es ist gut genug.

Das sage ich mir jedenfalls, wenn ich ewig für ein Foto brauche, mich im Spiegel anschaue, mich in der Beziehung bemühe – denn manchmal habe ich das Gefühl, hundert Prozent geben zu müssen. Aber hundert Prozent sind unrealistisch und müssen auch gar nicht sein. Lieber sollten wir alle perfekt unperfekt sein. Häufig genügen sogar schon 20 Prozent des Einsatzes, um 80 Prozent des gewünschten Ergebnisses zu erreichen. Das ist keine Einladung zu ungenauer Arbeit oder zum Faulenzen, sondern eine Einladung, Prioritäten richtig zu setzen und die eigene Kraft einzuteilen. So zum Beispiel beim Zeitmanagement: Du kannst nicht den ganzen Tag arbeiten, also hundert Prozent geben. Wenn du fokussiert bist und dich immer wieder selbst motivieren kannst (am besten, indem du dir dein Warum in Erinnerung rufst), reichen einige Stunden. Dann hast du das gleiche Ergebnis, bist aber entspannter. Deshalb ist dieser Mutkiller auch ein Energieräuber, du merkst ja selbst, wie kraftlos man ist, wenn man ständig glaubt, noch mehr tun zu müssen.

Der zweite Mutkiller ist die *Gewohnheit*. Wir haben uns in den letzten Jahren, in unserer Kindheit ein bestimmtes Bild von uns gemacht. Wer wir sind, was wir können. Das sagen uns ja auch die anderen, wir nehmen es an, wenn sie uns sagen, dass wir schusslig, ängstlich, kreativ, sparsam oder sonst was sind. Natürlich kommt das nicht von ungefähr, aber wir stellen das auch nicht unbedingt infrage. Wir sagen dann eher: »Stimmt, das ist nicht so meins.« Aber nur, weil du es bisher noch nicht gemacht hast oder nicht so gut konntest. Aber wenn du dir dennoch wünschst, es irgendwann zu können, musst du genau darauf schauen, wer du sein möchtest und was du alles lernen kannst. Ich hatte früher auch nicht viel mit Instagram zu tun und heute glaube ich, guten Content für meine Follower produzieren zu können. Nichts gegen den gewohnten Gang, er ist sicher, er ist gut, aber eben auch nicht besonders spannend und oft auch nicht sehr gut. Viele spüren, dass sie feststecken und stillstehen, aber klammern sich dann umso mehr an das, was sie kennen. Da bilde ich keine Ausnahme, aber ich mache mir dann klar, dass ich etwas Neues wagen muss, wenn ich das Alte hinter mir lassen möchte. Aus der Gewohnheit kannst du übrigens am besten mit neuen Impulsen ausbrechen. Geh mal einen anderen Weg zur Arbeit, nimm das Fahrrad, belege einen Fotografie-Kurs, lies Bücher zur Persönlichkeitsentwicklung, mach etwas, was du noch nie getan hast. Wenn ich etwas lese oder höre und der Inhalt oder die Weisheit passt zu meinem Leben, zu meiner momentanen Situation, schreibe ich mir das auf. Das kann auch dich durch deinen Alltag tragen und ihn teils aufbrechen lassen.

Wäre da nicht Mutkiller Nummer drei: die *Angst*. Über diese habe ich schon ausführlich geschrieben, und der wichtigste Tipp ist sowieso: »Mach es einfach.« Da gibt es nicht so viel mehr hinzuzufügen. Nur Handeln wird diese Angst auflösen und dich voranbringen. Dazu braucht es auch nicht viel Mut oder Tapferkeit, sondern eine motivierende Denkweise. Hab Vertrauen in dich und Begeisterung für das, was du tun oder erreichen willst. Aber was ist, wenn du scheiterst? Dann sage ich: »Herzlichen Glückwunsch.« Du hast es versucht, du warst mutig gewesen.

Kommen wir nun zu den Energiesaugern. Ein tragfähiges Netz aus Freunden und Verwandten ist sehr wichtig, damit wir energiegeladen all die Anforderungen des Lebens meistern können. Du hast sicher schon selbst bemerkt, dass manche *Menschen* dir Kraft geben – aber was ist mit denen, die sie dir nehmen? Mit den Energievampiren? Ich hatte von meiner toxischen Beziehung erzählt, jenem Mann, der mich wie ein Parasit meiner Lebenslust beraubte. Um diese zurückzubekommen, musste ich meinen Weg alleine weitergehen. Manchmal sind harte Einschnitte einfach notwendig, ohne dass du dich schlecht oder schuldig fühlen musst. Aber Energievampire sind zuweilen schwer zu erkennen, weil wir nicht wahrhaben wollen, dass die Freundin aus Kindertagen oder die Eltern einem den letzten Nerv rauben. Doch in einigen Fällen weißt du genau, wer dich schlaucht, weil du dich täglich über die Person ärgerst, etwa über jenen Kollegen, der nur negativ ist, lästert und deine Leistungen untergräbt. Arbeite daran, dass es dir nicht zu nahegeht, teile dich mit. Und wenn es möglich ist, gehe auf Abstand.

Und so kannst du dein Umfeld auf die Personen abklopfen, die dich in deiner Entwicklung bremsen. Denke daran, du bist der Mensch, mit denen du am meisten Zeit verbringst. Hast du eine Freundin, die dir ständig das Gefühl gibt, unterlegen zu sein, sodass du merkst, wie dein Selbstvertrauen schwindet, dann kannst du mit ihr sprechen. Oder du musst dich von ihr distanzieren. Manchmal ist es ja auch nicht die ganze Person, sondern nur eine Eigenschaft, die uns erschöpft. Die Vorgesetzte, die dir fünfzehnminütige Sprachnachrichten schickt, statt auf den Punkt zu kommen. Der Vater, der den ganzen Tag über Krankheiten spricht, der mal Teufelskralle testen möchte oder Bachblüten oder Schüßlersalze, aber eigentlich hätte er die Hoffnung aufgegeben, er sei dafür zu krank. Wäre das eine Nachbarin, könnte man freundlich »Guten Tag« sagen und sie ansonsten ignorieren. Nun kann oder will man Familienmitgliedern nicht einfach den Kontakt aufkündigen, außer in gravierenden Fällen. Also, was tun? Am besten: herausfinden, was genau einen so stört und das mitteilen. Kommunikation ist in Beziehungen, die einem wichtig sind, immer der beste Tipp. Doch auch sie will gelernt sein, denn wir kommunizieren oft nicht richtig. Sie soll respektvoll, empathisch und zielführend sein.

Neben anderen Menschen sind wir es selbst, die uns Energie rauben. Wir selbst kosten uns jede Menge Kraft. Wenn du wachsam bist, wirst du merken, wie oft du gegen deine Psyche und deinen Körper arbeitest. Du spürst, dass du dringend eine Pause brauchst, aber du sagst dir: »Erst die Arbeit, dann das Vergnügen.« So haben wir alle es gelernt. Dabei wäre ein Abstecher ins Freibad mitten in der Deadline viel produktiver. Oder einfach mal faulenzen. Du fragst, was dann mit den Kindern oder den Aufgaben passiert? Kralle dich nicht an alles, die Welt hängt nicht von deinem Einsatz ab. Hol dir Unterstützung von deinen Freunden, deinen Eltern, deinem Partner, bezahle, wenn nötig, eine Hilfe, jemanden, der dir Aufgaben abnehmen kann. Und einige davon können auch mal einen Tag liegen bleiben oder ganz gestrichen werden. Wie wäre es mit einer To-do-not-Liste statt einer To-do-Liste? Schreibe dir auf, was du heute nicht tun willst oder musst.

Du musst auch einmal nichts tun, um etwas tun zu können.

Es ist wie mit einer Axt, mit der du am ersten Tag acht Stunden am Stück Holz hacken kannst. Am zweiten Tag sind es aber nur noch sieben, am übernächsten Tag sechs. Aber statt die Axt zu schärfen, erhöhst du die Stunden. Du arbeitest sechzehn Stunden und hast am Ende trotzdem nicht so viel Holz gehackt wie am ersten Tag. Jetzt musst du schauen, wie du deine Axt schärfen kannst. Dann haben auch die Energiesauger wie Stress und Zeitdruck keine Chance. Denn wenn du merkst, dass du unter Druck stehst, kannst du Achtsamkeitsübungen machen oder etwas anderes, das dich herunterbringt.

Was deine persönlichen Energieräuber sind, also deine Stressoren, kann ich dir nicht sagen, jeder Mensch ist anders. Aber du musst versuchen, ihnen einen Gegenpol zu bieten. Dich stört der Lärm der Stadt? Fahr in die Natur. Deine Wohnung ist nie aufgeräumt? Miste aus und schaffe dir einen Kraft-Platz, wo du dich gerne aufhältst und zum Beispiel ein Buch liest. Ich habe gemerkt, dass ich, wenn ich viele Stunden am Tag beruflich auf Instagram unterwegs bin, mein Smartphone beiseitelegen muss. Dann mache ich einen Spaziergang mit Djego oder nehme mir nur Zeit für mich.

Finde deine individuellen Stressfaktoren und Energiesauger und überlege, wie du sie beseitigen oder bewältigen kannst. Was ist aber, wenn du sie im Moment gar nicht alleine ausmachen kannst? Ich wusste auch nicht immer, was mir fehlte, bevor ich es hatte. Erst bei *Die Bachelorette* habe ich mit einem Expertenteam durchleuchten können, was mich geistig und körperlich fit hält. Und das nachhaltig, denn oft greifen wir zu Dingen, die uns schnell Energie geben, aber später auch welche nehmen können, etwa Kaffee.

Was habe ich von den Experten erfahren? Es gab eine längere Vorbereitungsphase, in der das Team darauf schaute, wie ich die langen Drehtage und das große Pensum bewältigte. Manchmal begannen wir schon um sieben Uhr morgens und waren erst um zwei Uhr nachts fertig. Deshalb wurde mein Stresslevel anfangs über die Herzfrequenz gemessen und ich kippte fast vom Stuhl, als mir der Personal Coach sagte, was die Zahl zu bedeuten hatte. Ich hatte einen Stresslevel von 1000, normal wäre ein Wert von 100 oder 150. Da steckte ich ja noch mitten in der Depression. Und der Trainer sagte: »Melissa, wenn du so weitermachst, fliegst du aus der Kurve.« Ein Nervenzusammenbruch oder auch Herzprobleme werden durch Stress verursacht. »Wir müssen herausfinden, was dich stresst und was dich stärkt.« Ein Arzt checkte mich durch, fragte nach Allergien und machte bestimmte Gesundheitstests. An meinen Blutwerten konnte er ablesen, dass einige Bereiche unterversorgt waren, weshalb ich Vitamine bekam. Außerdem sollte ich auf eine ausgewogene Ernährung achten. Viele Proteine, wenig Kohlenhydrate, reichlich Nährstoffe.

Eine ayurvedische Ernährung kannte ich schon aus Bali und es lohnt sich, eine solche zu probieren, um zu sehen, was sie im Körper bewirkt. In dem Retreat war das Essen auf unseren Typ abgestimmt worden. Die Ayurveda-Lehre spricht von Doshas, sie geht davon aus, dass Menschen in drei Grundtypen eingeteilt werden können: Vata, Pitta, Kapha. Und diese wiederum leiten sich von den fünf Elementen ab, da der Mensch wie die ganze Welt aus diesen besteht: Wasser, Feuer, Luft, Erde und Raum. Je nach Körperbau und Charakter prägen uns zwei der Elemente am meisten.

Im Gespräch mit einem ayurvedischen Arzt stellte sich heraus, dass ich der Vata-Typ bin, der aus den Elementen Luft und Raum besteht. So habe ich unter anderem einen eher zierlichen Körperbau, bin flexibel und immer in Bewegung, man kann es auch Unruhe nennen. Ist das Dosha nicht im Gleichgewicht, kann das Probleme verursachen. Dosha heißt übersetzt auch: »was Probleme verursachen kann«. Bei meinem Typ neigt man dann zu Verdauungs- und Schlafstörungen. Da haben wir es! Um das ins Gleichgewicht zu bringen, benötigt jeder Typ eine andere Ernährung, die eben keine Probleme verursacht oder sogar heilt. Ich soll blähende Lebensmittel meiden und lieber zu warmen und ölhaltigen Mahlzeiten greifen. Und auch die Geschmacksrichtungen unterscheiden sich, ich soll eher süß essen, der andere eher bitter und/oder scharf. Das ist alles schon sehr speziell und vielleicht auch dem ein oder anderen zu spirituell. Trotzdem kann ich nur sagen, dass ich mich nach der Woche so viel leichter, gesünder und glücklicher gefühlt hatte. Voller Selbstvertrauen.

Ich denke, das ist es, was gutes Essen mit einem anstellt. Aber das heißt jetzt nicht, dass man nur noch Saftkuren oder Entgiftungen machen soll, es heißt nur, dass man etwas ausprobiert und selbst entscheidet, was man im Alltag anwenden möchte. Aus der Ayurveda-Lehre habe ich die goldene Milch übernommen, ein Getränk aus Gewürzen und auf der Basis von Kurkuma, einer Heilwurzel. Aber das ist keine richtige Milch, weshalb ich sie trinken kann, da ich eine Unverträglichkeit gegen Kuhmilch habe. Selbst wenn man keine Unverträglichkeiten hat, sollte man an sich selbst beobachten, wie man auf dieses oder jenes Lebensmittel reagiert.

Auch Gesunde können Fruchtzucker nicht immer vertragen und ich habe bemerkt, dass mir Weizen eher Energie nimmt als zuführt, deshalb meide ich größtenteils glutenhaltige Lebensmittel. Doch die Selbstliebe sorgt dafür, dass ich mich nicht verdamme, wenn ich »sündige«. Dabei sehe ich es nicht als Sünde an, hin und wieder brauche ich ein Stück Schokolade oder Käse, in Maßen eben. Und die Alternativen sind sehr lecker. Ich mache gern einen Nudelauflauf, aber mit Linsennudeln und Mandelkäse. Auf manche Sachen hingegen kann ich schlecht verzichten und möchte es auch nicht. Das sah auch das Bachelorette-Team ein, dabei wollte ich keine Art Diva sein, doch ich wollte mein zuckerfreies Red Bull. Ich war schon so viele Kompromisse eingegangen, aß monatelang fast nur Gemüse, Huhn und Fisch, doch als sie merkten, dass ich wieder fit war, bekam ich es palettenweise. Natürlich übertrieben formuliert, denn bei Energydrinks achte ich auf die Menge – sie sind nicht gerade der Gipfel einer gesunden Lebensweise. Aber manche Laster brauche ich, wie das Rauchen meiner E-Zigarette.

Ein weiterer Energieräuber ist zu wenig Bewegung. Gut, ich bin keine große Sportlerin. Ich verstand dieses Rumturnen schon bei *Love Island* und *Kampf der Realitystars* nicht. Als ich aufgefordert wurde mitzumachen, griff ich stattdessen nach einem Glas Wein. Ich liebe den Genuss und genießen beinhaltet, achtsam und langsam sich etwas zuzuführen und nicht in Mengen zu vernichten. Sport habe ich dann erst in der Sendung *Bachelorette* schätzen gelernt, obwohl ich Yoga schon vorher gut fand. Jedenfalls hatte es sich gut angefühlt, jeden Tag mindestens zwanzig Minuten so richtig aus der Puste zu kommen. Auch heute noch mache ich zu Hause auf der Matte Work-outs, aber mit dem Ziel, dass es mir guttut.

Etwas zu tun, was einem guttut, ist eines der mächtigsten Tools, um in der Energie und in der Selbstliebe zu bleiben. Um dem Mut einen Raum zu geben, in dem er entstehen kann. Manche nennen es Selbstfürsorge, andere Self-Care. Der Psychoanalytiker Joachim Küchenhoff definiert es so: »... die Fähigkeit, mit sich gut umzugehen, zu sich selbst gut zu sein, sich zu schützen und nach sich selbst zu schauen, die eigenen Bedürfnisse zu berücksichtigen, Belastungen richtig einzuschätzen, sich nicht zu überfordern oder sensibel auf Überforderungen zu achten«.[45] Das umfasst vieles, was in diesem Kapitel beschrieben wurde: auf den Körper und die Seele hören, sich trennen von Menschen, Dingen, Gedanken, Verhaltensweisen, die einen zu leicht aus dem Gleichgewicht bringen.

Doch wie sieht Zuneigung zu sich selbst im Alltag aus? Was kannst du tun, um in Balance zu bleiben oder zu kommen? Ich beispielsweise merke, spätestens wenn meine Neurodermitis wiederkehrt, dass ich mir die Wärme im Solarium gönnen und mir vor allem wieder Zeit freischaufeln sollte. Zeit für mich, also »Me Time«, ist mir sehr wichtig geworden. Manchmal blocke ich mehrere Tage, aber bereits fünfzehn Minuten im Alltag sollen sich positiv auswirken. Es entsteht nämlich ein Deaktivierungseffekt: Aufwühlende Gefühle, die angeknipst waren, werden so ausgeschaltet.[46] In Verbindung zu sich selbst treten und etwas nur für sich zu tun signalisiert: Ich bin es mir wert. Du kennst bestimmt Menschen, die sagen: »Für mich alleine koche ich nicht.« Aber du solltest es dir wert sein.

Wenn du dich um dich selbst kümmerst wie um einen Schatz, wirst du dich auch wie ein Schatz fühlen.

Was kannst du konkret tun? Reicht es, ein Schaumbad zu nehmen? Es ist eher die Summe all der kleinen Dinge, die dir Freude bereiten. Lege eine entsprechende Liste an. Anregungen wären:

- Mache Forest Bathing (Waldbaden): Nimm den Wald mit deinen Sinnen auf. Rieche den würzigen Duft von Kiefern, spüre die Rinde, beobachte das Grün der Baumwipfel, höre die Vögel.
- Backe ein Brot (Leander und ich backen natürlich Bananenbrot, schon unzählige Male).
- Lege ein Parfum auf, mich macht das immer fröhlich und selbstbewusst.
- Kaufe dir Blumen.
- Werde kreativ.
- Triff dich oder telefoniere mit jemandem, den du liebst.
- Schaue fünf Minuten einfach in den Himmel.
- Dancing on your own.
- Lächle! Auch wenn du alleine bist, das hat sogar einen psychologischen Effekt.
- Lerne etwas, investiere in Reisen, in Bücher, in Fortbildungen und Online-Kursen
- Nimm dir Zeit, um zu tagträumen. Was liebst du? Was willst du bald mal machen? Und dann tu es.

Aber so individuell wie die Stressfaktoren, so individuell sind die Sachen, die dir guttun. Ich beispielsweise putze gerne. Ja wirklich, weil es sich für mich anfühlt, als würde ich etwas in Ordnung bringen und als könnte ich alles bezwingen. Ich mache To-do-Listen, damit ich nicht ständig das Gefühl habe, etwas zu vergessen, und auch, um mich zu organisieren. Einen Berg besteigt man ebenfalls in Etappen. Dann lasse ich mich gerne von Styles inspirieren und hin und wieder bestelle ich mir Kleidung, Schmuck und Pflegeprodukte, um mich neu zu entdecken und auszuprobieren. Aber was mir wirklich hilft und mich sofort besser fühlen lässt, nein, das sind nicht Meditation oder Hypnose, es sind die Hörbücher über das Mädchen und die Hexe Bibi Blocksberg. Jeden Abend höre ich sie, weil sie mich an die schönen Momente in meiner Kindheit erinnern, an das friedvolle Gefühl, das da war. Und je mehr ich den Fokus auf das Schöne richtete, umso mehr trat davon in mein Leben. Ähnlich ist es bei meinem Tattoo von Heinz Erhardt, das mir viel bedeutet. Es verbindet mich mit meiner Großmutter mütterlicherseits, die noch lebt. Das ist für mich die allerschönste Kindheitserinnerung: Wir kochen zusammen und hören Heinz Erhardt auf Kassette. Ich fand ihn wirklich witzig und ich liebte es, weil wir lachten und Zeit miteinander verbrachten. Solche Dinge geben einem Kraft, sie sind sozusagen auch eine Investition in das Ich, das du sein möchtest.

Was ich dir auf deine Reise mitgeben möchte

Wir sind am Ende der Reise angekommen, am Ende dieses Buchs – doch was ist mit der Reise zu mir selbst? Habe ich zur Selbstliebe gefunden, mich gefunden? Du würdest vielleicht gerne hören, dass ich dir sage, dass ich angekommen bin, denn was wäre eine Reise ohne Ziel?

Ja, ich kann ohne frühere Scham und Perfektionsdruck sagen: Ich liebe mich. Außerdem habe ich eine Vorstellung davon, wer ich bin, was ich will und was ich kann. Doch am Ende bin ich nicht, denn diese Reise hat viele Ziele, viele wunderbare und schöne Ziele und darum bin ich auch gerne Reisende und keine Pauschaltouristin. Der Unterschied liegt laut dem US-amerikanischen Historiker und Schriftsteller Daniel J. Boorstin darin, dass Erstere »traveller« sind. Das Wort stammt vom französischen Wort *travail* ab, also »Arbeit«, und die dürfe man nicht scheuen. Denn Risiken, Hindernisse und Unannehmlichkeiten gehören dazu, wenn man wirklich etwas von der Welt sehen und sich persönlich weiterentwickeln wolle. Letztere hingegen, die Touristen, seien auf den schnellen Spaß aus und erwarten, dass ihnen alles zufliege, interessante Erlebnisse und ihr persönliches Glück.[47]
Wenn ich aber eines gelernt habe, dann ist es, dass Passivität einen nicht weiterbringt – und wenn doch, in die falsche Richtung. Wie Treibholz auf dem Fluss, das von einer Strömung zur nächsten gezogen wird. Also: Geh aktiv in die Welt hinaus und handle. Denn nur durch Aktivität und Selbstverantwortung kannst du das Leben führen, das du führen möchtest.

Mein Motto wurde: »Mach's einfach.« So habe ich mich meiner Ärztephobie gestellt, eine toxische Beziehung aufgelöst, bin alleine durch Asien gereist und habe eigene Entscheidungen getroffen, die bei manchen für Kopfschütteln sorgten. Auch ich schüttelte öfter den Kopf: Ich lernte Nein zu sagen und mich nicht schlecht zu fühlen oder zu entschuldigen für das, was ich bin. Aber seinen eigenen Weg zu gehen und dabei Erfüllung zu finden, ist beschwerlich – es ist *travail*. Denn man muss sich den Mutkillern und Energiesaugern stellen. Der Angst, den Menschen, denen die eigene Veränderung nicht passt. Und besonders den Geistern der Vergangenheit und den Geistern im Kopf. Du treibst sie mit deinem Herz aus. Folge deiner Intuition oder deinem Bauchgefühl und arbeite nicht dagegen.

Mein Herz fühlte sich eine Zeit lang außer Takt an. Boom … boboom. Doch jetzt schlägt es gleichmäßig, manchmal ruhig, manchmal aufgeregt. Ich höre nun darauf, was es mir zu sagen hat. Ich verdränge meine Gefühle nicht, sei es Traurigkeit oder Wut, aber ich steigere mich auch nicht hinein. Ich wechsle die Perspektive und richte meinen Blick auf die positiven Seiten des Lebens. Und die gibt es, ich habe durch meinen Blick nach vorne, auf meine Ziele, beispielsweise die Moderation für *Love Island – Aftersun: Der Talk danach* bekommen. Dabei hätte ich mir zuvor nie vorstellen können, dass ich, ein eher schüchternes Mädchen, zu einer solchen Frau werden kann. Ich bin dankbar dafür und auch für Leander, egal wie es mit ihm weitergeht. Er ist so anders als meine letzten Partner. Er sagt: »Ich bin dein Freund und ich bin für dich da.«

Es gibt so vieles, für das wir dankbar sein können, für das Leben an sich. Ich feiere es und habe jetzt keine Sorge mehr davor, hundert Jahre alt zu werden und etwas zu bereuen. Denn bis zur letzten Reise werde ich noch viele Reisen erleben und nicht nur beschwerliche, denn das Wort »Reisen« kann auch eine andere Bedeutung haben. Im Englischen (rise) und Altdeutschen (reisa) heißt es so viel wie: »aufstehen, sich erheben, steigen«. Auch du kannst das tun, wenn du das nicht schon getan hat. Steh auf, deine Reise beginnt nämlich jetzt.

Anmerkungen

Quellenangaben aus dem Internet wurden zum Zeitpunkt der Drucklegung geprüft, für später stattfindende Änderungen wird keine Haftung übernommen.

1   Bock, Petra (2020): Der entstörte Mensch. Wie wir uns und die Welt verändern. München: Droemer.

2   Scheuermann, Ulrike (2013): Wenn morgen mein letzter Tag wär. So finden Sie heraus, was im Leben wirklich zählt. München: Knaur.

3   https://www.tonyrobbins.com/career-business/where-focus-goes-energy-flows

4   Lennon, John: Beatuiful Boy (Darling Boy) (1980), Double Fantasy, Geffen Records

5   Vgl. Bandelow, Borwin (2004): Das Angstbuch. Woher Ängste kommen und wie man sie bekämpfen kann. Reinbek bei Hamburg: Rowohlt, S. 226.

6   Duden (o. D.): Wörterbuch. Selbstbewusstsein, das. Online verfügbar unter: duden.de/rechtschreibung/Selbstbewusstsein.

7   Vgl. Signer-Fischer, Susy (2019): Identität, Selbstwirksamkeit und Selbstvertrauen. Online verfügbar unter: https://www.awo-bs.de/fileadmin/downloads/ZEF/Fachtag_2019/Handout_Workshop_IdentSelbstw_Signer.pdf.

8   Vgl. Branden, Nathaniel (1995): Die 6 Säulen des Selbstwertgefühls. Erfolgreich und zufrieden durch ein starkes Selbst. München: Piper.

9   Vgl. McGreevey, Sue (2011): Eight weeks to a better brain. In: The Harvard Gazette. Online verfügbar unter: https://news.harvard.edu/gazette/story/2011/01/eight-weeks-to-a-better-brain/.

10 Otto, Anne (2020): Toxische Beziehung. In: *Psychologie Heute*, 11/2020, S. 17–25.

11 Blümner, Heike; Ewert, Laura (2019): Schluss jetzt. Von der Freiheit, sich zu trennen. Berlin: hanserblau, S. 156.

12 RTLZWEI (o. D.): Heiße Flirts Wahre Liebe. Online verfügbar unter: https://www.rtl2.de/sendungen/love-island-heisse-flirts-wahre-liebe.

13 Vgl. Kay, Katty; Shipman, Claire (2016): Confidence Code. Was Frauen selbstbewusst macht. München: btb.

13 Stahl, Stefanie (2015): Das Kind in dir muss Heimat finden. Der Schlüssel zur Lösung (fast) aller Probleme. München: Kailash.

15 Vgl. Dispenza, Joe (2014): Du bist das Placebo. Isen: KOHA, S. 128.

16 Vgl. Giles, Howard; Street, Richard L. (1994): *Communication Characteristics* and Behavior. In: Knapp, Mark L.; Daly, John A. (Hrsg.): Handbook of Interpersonal Communication. Thousand Oaks, CA: Sage, 103–161, S. 103-161.

17 Vgl. Landesanstalt für Medien NRW (2018): Hatespeech und Diskussionsbeteiligung im Internet. Zentrale Untersuchungsergebnisse der Hate Speech-Sonderstudie. Online verfügbar unter: https://www.medienanstalt-nrw.de/fileadmin/user_upload/lfm-nrw/Service/Veranstaltungen_und_Preise/Ergebnisbericht_Hate_Speech_Sonderstudie_LFMNRW.pdf, S. 5..

18 Vgl. Facebook (2020): Facebook Transparency Report. Online verfügbar unter: https://transparency.facebook.com/.

19 Vgl. Verduyn, Philippe; Ybarra, Oscar; Résibois, Maxime; Jonides, John; Kross, Ethan (2017): Do Social Network Sites Enhance or Undermine Subjective Well-being? A Critical Review. In: *Social Issues and Policy Review*, 11(1), S. 274–302.

20 Vgl. Ozimek, Phillip (2019): Alle meine Freunde sind besser als ich! Auswirkungen sozialer Mediennutzung auf den Selbstwert und Depressionen in Abhängigkeit von sozialen Vergleichen. Österreichischer Präventionskongress 2019 in Graz. Online verfügbar unter: https://www.researchgate.net/publication/337168482_Alle_meine_Freunde_sind_besser_als_ich_Aus-

wirkungen_sozialer_Mediennutzung_auf_den_Selbstwert_und_Depressionen_in_Abhangigkeit_von_sozialen_Vergleichen.

21 Horx, Matthias (2016): Zukunftsinstitut. Was ist der derzeit wichtigste Trend? Online verfügbar unter: https://www.zukunftsinstitut.de/artikel/achtsamkeit/.

22 Vgl. Dove (2010): Unsere Studie. Die ganze Wahrheit über Schönheit. Online verfügbar unter: https://www.dove.com/de/stories/about-dove/our-research.html.

23 Vgl. Splendid Research (2016): Weniger als die Hälfte der Deutschen ist mit ihrem Aussehen zufrieden. Online verfügbar unter: https://www.splendid-research.com/de/splendid-news/pressemitteilungen/item/studie-aussehen-und-schoenheits-operationen.html.

24 VIP.de (2021): Charlène von Monaco rasiert sich krassen Sidecut: So finden Friseure den neuen Look. Online verfügbar unter: https://www.vip.de/cms/charlene-von-monaco-rasiert-sich-krassen-sidecut-so-finden-friseure-den-neuen-look-4670155.html.

25 Bloom, Paul (2011): How Pleasure Works: The New Science of Why We Like What We Like. New York: Norton.

25 McMillen, Kim, McMillan. Alison (2018): When I loved myself enough. London, Sidgwick & Jackson

27 Härter, Martin; Bermejo, Isaac; Niebling, Wilhelm (Hrsg.) (2007): Praxismanual Depression: Diagnostik und Therapie erfolgreich umsetzen. Köln: Deutscher Ärzteverlag, S. 1.

28 Vgl. Sample, Ian (2009): Keeping a Diary Makes You Happier. In: *The Guardian*. Online verfügbar unter: https://www.theguardian.com/science/2009/feb/15/psychology-usa.

29 Vgl. Bernhardt, Klaus (2019): Depression und Burnout loswerden. Wie seelische Tiefs wirklich entstehen, und was Sie dagegen tun können. München: Ariston, S. 31–146.

30 Vgl. Klein, Stefan (2002): Die Glücksformel. Reinbek bei Hamburg: Rowohlt.

31 Vgl. ebd.

32 Mai, Jochen (2019): Komfortzone verlassen: 12 einfache Tipps für den Alltag. Karrierebibel. Online verfügbar unter: https://karrierebibel.de/komfortzone-verlassen/.

33 Hawking, Stephen (2015): Meine kurze Geschichte. Reinbek bei Hamburg: Rowohlt.

34 Zeller, Daniela (o. D.): Das Gelassenheitsgebet ist wohl der bekannteste »Krisen-Coach« der Welt. Carpe Diem. Online verfügbar unter: https://www.carpediem.life/16635/gelassenheitsgebet/.

35 Vgl. Heimes, Silke (2012): Warum Schreiben hilft. Die Wirksamkeitsnachweise zur Poesietherapie. Göttingen: Vandenhoeck & Ruprecht.

36 Life's Good (o. D.): Science of Happiness. Online verfügbar unter: https://lgexperiencehappiness.com/happiness-skills/.

37 Vgl. Wood, Alex M.; Maltby, John; Gillett, Raphael; Linley, P. Alex; Joseph, Stephen (2008): The Role of Gratitude in the Development of Social Support, Stress, and Depression: Two longitudinal studies. In: *Journal of Research in Personality*, 42 (4), S. 854–871.

38 Vgl. Maeck, Stefanie (2016): Dankmuskel bitte anspannen. In: *Spiegel Psychologie*. Online verfügbar unter: https://www.spiegel.de/gesundheit/psychologie/dankbarkeit-die-wurzel-fuer-gesundheit-und-wohlbefinden-a-1124119.html.

39 Vgl. Lyubomirsky, Sonja; Sheldon, Kennon M.; Schkade, David (2005): Pursuing Happiness: The Architecture of Sustainable Change. In: *Review of General Psychology*, 9(2), S. 111–131.

40 Vgl. Karns, Christina M.; Moore, William M.; Mayr, Ulrich(2017): The Cultivation of Pure Altruism via Gratitude. A Functional MRI Study of Change with Gratitude Practice. In: *Frontiers in Human Neuroscience* 11, 2017.

41 Vgl. Klein, Stefan (2002): Die Glücksformel. Reinbek bei Hamburg: Rowohlt, S. 269.

42 Reddemann, Luise (2005): Psychodynamisch Imaginative Traumatherapie. Stuttgart: Pfeiffer bei Klett-Cotta, S. 101.

43 Vgl. Zurhorst, Eva-Maria (2004): Liebe dich selbst und es ist egal, wen du heiratest. München: Goldmann.

44 McMillen, Kim, McMillan. Alison (2018): When I loved myself enough. London, Sidgwick & Jackson.

45 Küchenhoff, Joachim (1999): Selbstzerstörung und Selbstfürsorge. Gießen: Psychosozial-Verlag, S. 151.

46 Vgl. Scheuermann, Ulrike (2019): Self Care. Du bist wertvoll. Das Selbstfürsorge-Programm. München: Knaur Balance, S. 88.

47 Vgl. Boorstin, Daniel J. (1964): The Image: A Guide to Pseudo-Events in America. New York: Harper Row, S. 85.